누구나 쉽게 배울 수 있는 **기초수어**
Another Language - Sign Language

참 쉬운 수어

(사)한국농아인협회 대구광역시협회 지음

참 쉬운 수어

초판 발행 · 2024년 2월 20일
초판 2쇄 · 2024년 12월 10일

지은이 · (사)한국농아인협회 대구광역시협회
펴낸이 · 박준성

기획 · 하승미
촬영 · 신용섭, 김민철(MUSIC PHOTO)
모델 · 박종건, 송슬기
도움주신 분들 · 유정은, 오영석, 이영미, 정동환, 최이정, 황민정, 황혜림

펴낸곳 · 준커뮤니케이션즈 | 출판신고 · 2004년 1월 9일 제25100-2004-1호
주소 · 대구광역시 중구 명륜로 129 삼협빌딩 3층
전화 · (053)425-1325 | 팩스 · (053)425-1326 | 홈페이지 · www.junecom.co.kr

ISBN 979-11-6296-048-6 03330

값 16,000원

- 이 책은 저작권법에 따라 보호받는 저작물이므로 무단전재와 무단복제를 금지하며, 이 책 내용의 전부 또는 일부를 이용하려면 반드시 저작권자와 준커뮤니케이션즈의 서면동의를 받아야 합니다.
- 저작권자와 맺은 협의에 따라 검인을 생략합니다.
- 잘못된 책은 바꿔 드립니다.

(사)한국농아인협회 대구광역시협회
대구광역시 남구 대명로 297 명덕빌딩 4층 | http://daegu-deaf.or.kr
전화 · (053)623-9929 | 팩스 · (053)654-3088 | 영상전화 · 070-7947-0278

프롤로그

당신의 손짓에서 당신의 목소리가 묻어나옵니다

지하철을 탔습니다. 앞에 앉은 두 사람이 손짓으로 무엇인가 얘기를 하네요. 사뭇 진지한 표정이었다가 다시 웃기도 하고, 때론 심각해지기도 합니다. 두 사람은 분명 대화를 하고 있었습니다. 조용했지만 시끄럽기까지한 대화를 나누고 있었습니다. 그들은 저와 같은 수어라는 언어를 사용하는 농인입니다.

수어를 배우는 이유야 사람마다 모두 다릅니다. 시작이야 어떠하던 처음의 그 마음과 열정을 잃지 않는다면, 여러분도 언젠가 농인과 함께 지하철을 타고 수다를 떨 수도 있을 것입니다. 그 시작을 위해 책을 발간했습니다. 처음부터 큰 짐을 진 것 마냥, 무겁거나 혹은 어려운 주제는 일부러 피했습니다. 차근차근 누구나 부담스럽지 않음이 이 책의 주된 중점입니다.
  수어에 대해 이제 막 관심을 가지고 시작하셨거나, 배웠던 수어들이 머릿속에서 가물가물 잊혀지기 시작하셨다면, 그 때 펼치기 좋은 책이라고 생각됩니다. 책을 통해, 농인에 대해 이해하고 수어가 하나의 언어라고 생각할 수 있는 소중한 기회가 되기를 바라고 또 바라봅니다.

처음에 책을 내보자고 했을 때, 뚝딱 해낼 수 있을 거라고 생각했습니다. 그 생각이 성급한 판단이라는 것을 수많은 시간과 논의, 헤아릴 수 없는 고민들이 뒷받침해 주었습니다.
  책이 세상에 빛을 보기까지 수고스러움을 당연하게 생각해주신 기획, 편집, 모델 등에 도움주신 모든 분들께 지면을 빌려 감사의 마음을 보냅니다. 더불어 3차원적 언어를 2차원의 지면에 싣는다는 것이 쉽지 않은 일임에도 불구하고 선뜻 책을 펴내주신 준커뮤니케이션즈 대표님과 화살표 하나하나 고치고 고치느라 고생하신 직원여러분들께도 감사를 드립니다.
  수차례 연구와 회의, 몇 번의 탈고를 거듭한 끝에 완성된 소중한 책이나, 간혹 아쉬움의 흔적이 보이기도 합니다. 이것 또한 다음에 제작될 책들을 위한 귀한 양분으로 기억해 두겠습니다.

이 책을 조심스레 보고 있을 여러분에게도 미리 감사의 마음을 가득 담아 보내드립니다. 그리고 여러분과 자유롭게 대화할 수 있는 날이 오기를 바라봅니다. 감사합니다. 행복하세요.

(사)한국농아인협회 대구광역시협회장

차례

프롤로그 당신의 손짓에서 당신의 목소리가 묻어 나옵니다

일러두기

수어를 배우기에 앞서

들어가기 청각장애 이해

CHAPTER 1

인사 (Ⅰ)
안녕하세요. 만나서 반갑습니다 • 2 | 안녕하세요. 반갑습니다 • 2 | 나의 이름은 홍길동입니다. 당신의 이름은 무엇입니까? • 2 | 나의 이름은 김수어입니다 • 3 | 당신의 수어이름은 무엇입니까? • 3 | 내 얼굴이름은 예쁜 여자입니다 • 3 |
Tip 얼굴(수어)이름 만들기 • 7 | 수어 그림(손바닥) • 8

CHAPTER 2

인사 (Ⅱ)
오랜만입니다. 그동안 잘 지내셨습니까? • 10 | 잘 지내요 • 10 | 요즘 어떻게 지내십니까? • 10 | 일하면서 바쁘게 지내고 있습니다 • 10 | 수고하십니다. 다음에 만날 수 있나요? • 11 | 가능합니다. 제가 휴대폰으로 연락드리겠습니다 • 11 |
Tip 난 그저 "괜찮다"라고 했을 뿐인데 • 14

CHAPTER 3

가족소개
당신의 가족을 소개해 주세요 • 16 | 나의 가족은 아버지, 어머니, 오빠, 나 4명입니다 • 16 | 나의 가족은 할아버지, 할머니, 부모님, 누나, 나, 여동생 7명입니다 • 17 | 가족이 많으시군요 • 17 | 당신은 아버지와 어머니 중 누구를 닮았습니까? • 18 | 나는 아버지를 닮았습니다. 당신은 누구를 닮았습니까? • 18 | 나는 할아버지를 닮았습니다 • 18 |
Tip 수어 문장을 끝낼 때는 이렇게 • 22

CHAPTER 4

학교생활 (Ⅰ)
대학교 시험공부 때문에 힘드시죠? • 24 | 네, 힘들지만 열심히 노력하고 있습니다 • 24 | 어느 대학교에 가고 싶습니까? • 25 | ○○대학교에 입학하고 싶습니다 • 25 | 그 대학교는 수업시간에 수어통역이 있습니다 • 26 | 정말요? 수어통역이 있다니 좋습니다 • 26 | 네, 많은 도움이 될겁니다 • 26 | Tip 재미있는 수어사다리 • 30

CHAPTER 5

학교생활 (Ⅱ)
당신은 학생입니까? • 32 | 올해 대학교에 입학합니다 • 32 | 축하합니다. 고등학교 졸업식은 했습니까? • 32 | 아니오, 내일합니다 • 33 | 대학교에서 전공이 무엇입니까? • 33 | 전공은 사회복지입니다. 그리고 수어동아리에 가입하고 싶습니다 • 33 | 공부 열심히 하시고, 자원봉사활동도 많이 하세요 • 34 | Tip 비수지언어 • 38

CHAPTER 6

시간 (Ⅰ)
오늘은 며칠 입니까? • 40 | 8월 15일입니다 • 40 | 2시에 친구 만나기로 했는데 잊을 뻔 했군요 • 40 | 지금 시간이 좀 남았으니 빨리 가시면 됩니다 • 41 | 네, 택시타고 가야겠어요. 다음에 뵙겠습니다 • 41

CHAPTER 7

시간 (Ⅱ)
당신은 무슨 요일을 좋아합니까? • 46 | 저는 토요일이 좋습니다. 쉬는 날이기 때문입니다 • 46 | 내일은 무슨 요일입니까? • 46 | 일요일입니다. 당신은 무엇을 합니까? • 47 | 교회 갔다가, 나머지 시간은 가족과 함께 보냅니다 • 47 | 가족과 무엇을 합니까? • 47 | 가족과 대화를 나눕니다 • 48 | 행복하시겠습니다. 나도 일요일에 당신처럼 가족들과 대화하며 보내고 싶습니다 • 48 | Tip 있다, 없다의 다양한 표현 • 52

CHAPTER 8

계절과 자연
당신은 무슨 계절을 좋아합니까? • 54 | 여름을 좋아합니다 • 54 | 당신은 여름휴가 때 산, 바다, 강 중 어디를 가고 싶습니까? • 54 | 저는 바다에 가서 수영을 하고 싶습니다 • 55 | 겨울에 눈이 오면 무엇을 하고 싶습니까? • 55 | 사랑하는 사람과 함께 눈 내리는 것을 보고 싶습니다 • 56 | Tip 수어 조각 넣기 • 58

CHAPTER 9

병원

어디가 아프세요? • 60 | 계속 기침이 나고 피곤해요 • 60 | 언제부터 아팠나요? • 60 | 3일전부터요 • 61 | 또, 아픈 곳은 있나요? • 61 | 기침이 심하고, 콧물이 나고, 머리에 열이 나요 • 61 | 약 5일치 처방해 드릴게요. 하루 3번 드시고, 푹 쉬셔야 합니다 • 62 | 알겠습니다. 감사합니다 • 62 |
Tip 나에게 매우 소중한 물건(?) • 65 | 수어 퍼즐 • 66 | '언어로서의 수어' • 68

CHAPTER 10

직장

무슨 일로 오셨습니까? • 72 | 취업을 원합니다. 가능합니까? • 72 | 경제가 어려워 취업하기 쉽지 않습니다 • 72 | 일자리가 생기면 휴대폰으로 연락주십시오 • 73 | 어떤 직업을 원하시나요? • 73 | 예전에 자동차 조립을 한 적이 있습니다. 같은 일을 원합니다 • 73 | 알겠습니다. 연락드리겠습니다 • 74 | 기본 감정의 다양한 표현(사진으로 표정만 살리기) • 76
Tip 한국수화언어법이란? • 78

CHAPTER 11

경제(Ⅰ)

안녕하십니까? 무엇을 도와드릴까요? • 80 | 은행이 처음이라… 10만원을 송금하려구요 • 80 | 알겠습니다. 다른 필요한 일 있습니까? • 80 | 세금을 내고 싶은데 어떻게 하면 됩니까? • 81 | 제가 도와드리겠습니다 • 81 | Tip 수어 그림(주먹) • 84

CHAPTER 12

경제(Ⅱ)

어서오세요. 무엇을 도와드릴까요? • 86 | 옷 사러 왔습니다 • 86 | 옷 한번 입어보세요 • 86 | 예쁩니다. 여기에 어울리는 치마도 보여주세요 • 86 | 입어보세요. 지금 세일 기간이라서 가격도 저렴합니다 • 87 | 마음에 듭니다. 얼마입니까? • 87 | 10%할인해서 5만원입니다 • 87 | 싸네요. 카드도 됩니까? • 88 | 가능합니다 • 88 | Tip 농인에 대한 에티켓 • 90

CHAPTER 13

일상생활(Ⅰ)

아침을 못 먹었더니 배 고파요. 뭐 먹을까요? • 92 | 저는 김밥이 먹고 싶어요 • 92 | 좋아요. 어디에서 먹을까요? • 92 | 대구식당에 주문해서 먹어요 • 93 | 좋아. 돈은 내가 낼게요 • 93 | 수어 조각 넣기 • 96

CHAPTER 14

일상생활(Ⅱ)
농아인협회 가는 버스가 몇 번입니까? • 98 | 12번 버스를 타고 공원에서 내리세요 • 98 | 공원에서 가까운가요? • 99 | 가깝습니다. 걸어서 2분 정도입니다 • 99 | 제가 길을 잘 몰라요 • 99 | 택시를 타고 가시는게 제일 빠를거 같아요 • 99 | 감사합니다 • 100 | Tip 지도를 통한 수어 배우기 • 102

CHAPTER 15

취미생활(Ⅰ)
당신의 취미는 무엇입니까? • 106 | 저는 바다 낚시를 좋아합니다 • 106 | 저는 등산을 좋아합니다. 힘들지만 기분이 좋습니다 • 106 | 저도 산을 좋아합니다. 그래서 1월 1일에 산으로 해돋이 보러 갑니다 • 107 | 해돋이 보면서 무엇을 소망합니까? • 107 | 가족의 건강과 행복을 빕니다 • 107 | 소원 꼭 이루시길 바랍니다 • 108 | Tip 세계수어 • 110

CHAPTER 16

취미생활(Ⅱ)
제 취미는 축구인데 당신의 취미는 무엇입니까? • 112 | 저는 노래 부르기입니다 • 112 | 노래 잘 부르시겠어요 • 112 | 보통입니다. 배우는 중입니다 • 113 | 나도 노래 배우고 싶은데 가르쳐 줄 수 있나요? • 113 | OK • 113 | 재미있는 수어사다리 • 116

CHAPTER 17

통신
컴퓨터 자주 사용하세요? • 118 | 자주합니다. 왜요? • 118 | 오늘 밤에 컴퓨터로 화상통화를 하고싶어요 • 118 | 오늘 일이 있어서 안되고 낮에 영상전화를 걸어주시기 바랍니다 • 119 | 번호를 알려주세요 • 119 | 070-123-4567(지문자) • 119 | Tip 농인 보조기 • 112 | 수어 퍼즐 • 124

지문자 • 126
색인 • 128

일러두기

첫째, 이 책은 수어에 입문하는 사람들을 위한 수어교재로 농인의 수어문을 기초로 만들었으며, 즐거운 수어학습교재가 되기 위해 다양한 예문들을 수록하였습니다.

둘째, 기존의 단어 중심 교재가 아닌 문장중심의 교재로 문장 수어를 수록하였고, 관련 단어는 한글로만 표기하였으며, 문장의 단어는 찾기 쉽게 가나다순으로 색인을 수록하였습니다.

셋째, 가능한 농인이 주로 사용하는 수어문을 사진으로 구성하였으며, 손의 위치와 방향은 사진을 참고하도록 하였고 모든 수어의 동작은 기본적으로 가슴 앞에서 합니다.

넷째, 각 과별 기본단어는 본문에 있는 단어이고, 보충단어는 기본단어와 병행하여 익혀두면 좋은 단어들이며, 연습문제는 과별 학습 내용을 연습하기 위한 것으로 특히 손동작과 어원을 수록하여 수어를 쉽게 익힐 수 있도록 하였습니다(문제의 정답은 하단에 표기).

다섯째, 여러 수어 단어가 합쳐져 하나의 뜻을 이루는 단어는 본문 수어사진 밑에 표기해 두었습니다. (예) 안녕 = 잘 + 존재)

여섯째, Tip은 수어를 보다 친근하게 혹은 심도있게 접근하고 나아가 농인의 삶을 엿볼 수 있는 기회의 장으로 마련했습니다.

일곱째, 이 책의 본문 문장 구성은 수어문을 먼저 표기하고 뒤에 한글문을 표기하였으며 의문문은 〈?〉로 표시하였습니다.
(예) 당신 + 이름 + 무엇〈?〉 = 당신의 이름은 무엇입니까?)

여덟째, 한국수화언어법(2016. 2. 3.)이 제정되기 전 발간된 참고문헌에 대해서는 당시 사용한 용어인 '수화'를 그대로 기재하였습니다.

수어를 배우기에 앞서

수어는 농인이 사용하는 언어입니다. 단순한 호기심이나 율동을 하기 위한 도구로 배워서는 안됩니다.

수어는 농인의 언어로 그들의 문화이기도 합니다. 수어를 배우실 때 단어 중심의 암기식 수어가 아닌 농인들이 사용하는 살아있는 수어를 배워야 하며, 이것은 기초부터여야 합니다.

수어는 단지 손동작만으로 완벽한 의사소통을 할 수 없습니다. 손동작, 몸동작, 비수지신호(NMS), 그리고 다양한 표정 등에 의해 감정을 표현하는 시각언어이기 때문에 수어를 처음 배울 때부터 이러한 것들을 익혀야 합니다.

지문자는 1947년 서울농학교 초대교장 윤백원 선생님이 만드신 것으로 고유명사, 신조어, 뜻을 정확하게 전달하고 싶을 때 등에 주로 사용하며 한글의 자모음을 형상화하여 만들었습니다.
지문자를 쓸 때는 한글의 초성, 중성, 종성 같이 글자의 위치를 생각하며 한 자 한 자 또박또박 표현해야 합니다.

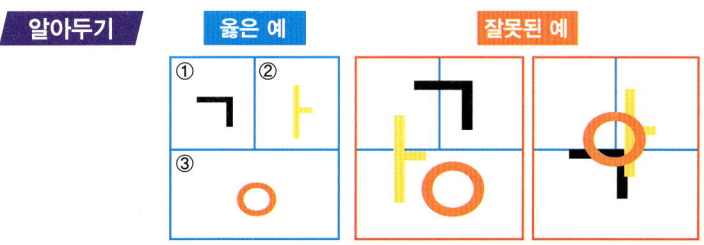

수어는 존대어가 많지 않습니다. 때문에 **몸의 자세나 얼굴 표정 등으로 존대를 표해야 합니다.**

마음으로 대화하십시오. 음성언어이든 시각언어이든 대화의 중심은 마음입니다. 농인의 마음을 읽으려는 여러분의 눈이야 말로 진정한 대화의 열쇠일 것입니다.

들어가기

청각장애 이해

용어의 정리

청각장애인 _ 우리나라 장애인 복지법이 정하고 있는 장애 유형 가운데 하나로 청각에 손상을 입은 사람을 의미한다.
농인 _ 청각장애를 가진 사람으로서 농문화 속에서 한국수어를 일상어로 사용하는 사람을 말한다.('농아인'이라고도 함)
청인 _ 농인의 반대로 들을 수 있는 사람을 의미한다.
난청인 _ 청각의 잔류 기능이 남은 자로 수어보다는 음성언어나 구화를 사용하는 청각장애인을 말한다.
귀머거리, 벙어리 _ 비속어로 사용하지 않는 것이 바람직하다.
한국수어 _ 2016.2.3. 한국수화언어법이 제정됨에 따라 수화가 한국수화언어로 변경되었고 이를 줄여 한국수어 또는 수어로 사용한다.

청각장애의 정의

청각장애로 인하여 장기간에 걸쳐 일상생활 또는 사회생활에 상당한 제약을 받는 자로 대통령령으로 정하는 기준에 해당하는 자(장애인복지법에 의거)

가. 청력을 잃은 사람

구분	장애정도
장애의 정도가 심한 장애인	– 두 귀의 청력을 각각 80데시벨 이상 잃은 사람 (귀에 입을 대고 큰소리로 말을 해도 듣지 못하는 사람)
장애의 정도가 심하지 않은 장애인	– 두 귀에 들리는 보통 말소리의 최대의 명료도가 50퍼센트 이하인 사람 – 두 귀의 청력을 각각 60데시벨 이상 잃은 사람(40센터미터 이상의 거리에서 발성된 말소리를 듣지 못하는 사람) – 한 귀의 청력을 80데시벨 이상 잃고, 다른 귀의 청력을 40데시벨 이상 잃은 사람

나. 평형기능에 장애가 있는 사람

구분	장애정도
장애의 정도가 심한 장애인	– 양측 평형기능의 소실로 두 눈을 뜨고 직선으로 10미터 이상을 지속적으로 걸을 수 없는 사람
장애의 정도가 심하지 않은 장애인	– 평형기능의 감소로 두 눈을 뜨고 10미터 거리를 직선으로 걸을 때 중앙에서 60센티미터 이상 벗어나고, 복합적인 신체운동이 어려운 사람

귀의 기능

외이(External ear)의 기능 _ 소리를 모아주는 역할, 외이도에 있는 털과 약4000개의 피지선이 먼지나 세균 등을 방어한다.

중이(Middle ear)의 기능 _ 중이란 고막과 이소골이 위치한 공간을 말한다. 이 공간은 매우 좁아서 물을 몇 방울만 떨어 뜨려도 가득 찰 정도이다.

- 고막 : 소리에 의해 진동하고, 구멍이 뚫려도 재생가능하다.
- 이소골 : 중이의 안에 있는 세 개의 작은 뼈(추골, 침골, 등골)로 고막의 진동을 내이에 전달한다.

내이(Inner ear)의 기능

- 청각신경이 들어 있는 와우각과 평형감각신경이 들어있는 반규관으로 구성된다.
- 와우신경은 와우각에서 감지된 소리를 받아 뇌로 전달한다.
- 와우각과 반규관은 통해 있어 한쪽이 상하면 다른 쪽도 상한다.
  따라서 현기증 후에 난청이 나타나든가, 난청 후에 현기증이 나타난다.

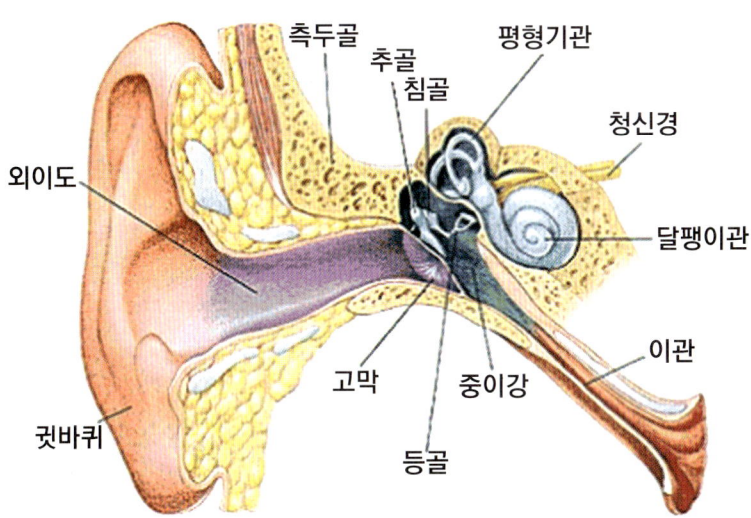

청각장애의 원인

외이의 원인 _ 귀지나 이물 등이 외이도를 막았을 경우에도 청각장애를 유발할 수 있으나 비교적 경미하다. 단 선천적 기형에 의해 외이도가 생기지 않은 경우에는 중이의 기형까지 있어 심한 경우 약 70데시벨(dB)까지의 전도성 청각장애를 초래할 수 있다. 이러한 선천적 기형은 임신 초기 태아에게 영향을 주는 바이러스성 감염(풍진, 인플루엔자)에 의한 경우가 많다.

중이의 원인 _ ①알레르기성 중이염 ②급성중이염 ③삼출성 중이염 ④고막천공 ⑤이경화증(otosclerosis)

내이의 원인 _ 내이의 장애는 대부분 심한 청력 손실을 일으키며, 소리의 왜곡, 평형의 문제, 현기증 등을 일으킬 수가 있다. ①유전성 난청증후군 ②뇌막염 ③풍진 ④모자 혈액 부적합 ⑤미숙 ⑥싸이토메갈로 바이러스(cytomegalovirus) ⑦이경화증

청각중추의 원인 _ 청각 중추는 상부로 올라갈수록 고도의 기능을 가진 다른 작용 즉, 언어 · 판단 · 기억 · 학습 등과 같은 작용을 하는 중추들과 상호 의존하고 보완하고 견제하는 기능을 가지고 있어 청각장애만 오는 경우는 드물고 학습장애, 뇌성마비 또는 정신 문제 등을 동반한다. 이러한 장애의 원인은 뇌중추의 발육 부진이나 손상이 있는 기질적인 경우와 기능적으로 정신과 문제들이 동반되는 경우가 많다.

기타의 원인 _ ① 약물에 의한 난청 ② 음향에 의한 난청 ③ 외상에 의한 난청 ④ 메니엘병과 돌발성 난청

청각장애 분류

《청력손실 시기에 따른 분류》

언어전 농 prelingually deaf	언어후 농 postlingually deaf
태어날 때부터 농이었거나 유아기에 청력을 손실한 사람으로 말을 하고 언어를 이해하는 학습을 하기 이전에 농이 된 사람이다. 농 아동 중 약 95%가 언어전 농이며, 언어전 농 아동 10명 중 1명은 농 부모(한쪽 또는 양쪽)를 가지고 있다.	말을 하고 언어를 이해하는 학습을 한 후에 농이 된 사람으로 언어후 농 중 많은 사람은 말을 사용하고 구두로 의사소통하는 능력을 가지고 있다.

《청각장애 부위에 따른 분류》

전음성 난청 _ 외이나 중이의 질환에 의하여 초래된 청각장애로서 일반적으로 그 정도가 심하지 않으며 치료가 가능하여 특수교육의 대상이 되지 않는다. 청력검사에 의하면 골전도는 정상이고 기전도의 장애만이 있는 것으로 나타난다.

감음신경성 청력손실 _ 내이나 청신경계에 질환이나 장애가 생긴 것으로서 약물이나 수술적 치료로 치유될 수 있는 경우가 극히 적다. 대부분의 경우에 있어서 그 정도도 심하여 청각을 통한 의사소통이 불가능하므로 특수교육을 요하는 경우가 많다. 청력검사에서는 골도청력이 떨어지므로 기도청력도 같이 떨어지나 골도와 기도청력의 차이는 없다.

혼합성 난청 _ 만성 중이염에서와 같이 염증에 의하여 중이의 증폭기능이 장애를 받고, 또한 내이에까지 염증이 파급되어 내이의 감음신경성 장애를 받게 되는 경우 등에서 볼 수 있다.

치료로서는 전음성장애에 대해서는 수술 등으로 치료하고, 나머지 감음신경성 장애에 대해서는 그 정도에 따라 보청기의 착용을 요하는 수가 있으나, 일반적으로 특수교육을 요할 정도로 감음신경성이 심한 경우가 적다. 청력검사상으로는 골도 청력의 손실이 있으며, 동시에 골도보다도 더 많은 기도청력의 손실이 있어 기도청력과 골도청력의 현저한 차이를 보이게 된다.

CHAPTER 01

인사 (Ⅰ)

당신의 환한 미소는 나를
행복하게 합니다.

시각 문화인 농인은 표정과 동작의 크기로
반가움의 정도를 나타냅니다.
자, 이제부터 수어의 가장 기본인
인사를 배우도록 하겠습니다.
긴장하지 마시고, 다들 웃으세요!

A 안녕. 만나다 + 반갑다 / 안녕하세요. 만나서 반갑습니다.

💡 안녕 = 잘 + 존재

B 안녕. 반갑다 / 안녕하세요. 반갑습니다.

A 나 + 이름 + (홍길동). 당신 + 이름 + 무엇〈?〉
/ 나의 이름은 홍길동입니다. 당신의 이름은 무엇입니까?

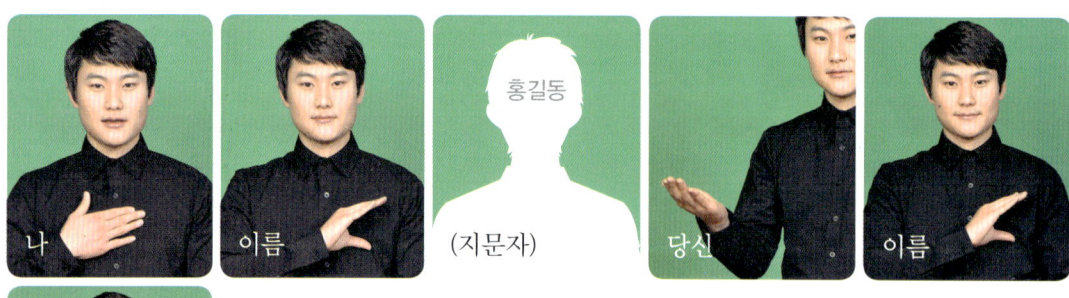

이것인지 저것인지를 가리키는 것으로 의문문에 해당된다. 의문문의 비수지 신호는 눈썹을 치켜올리며 입으로는 '뭐'를 한다.

B 나 + 이름 + (김수어) / 나의 이름은 김수어입니다.

  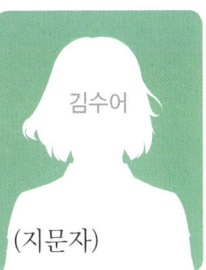

A 당신 + 얼굴 + 이름 + 무엇⟨?⟩ / 당신의 얼굴(수어)이름은 무엇입니까?

B 나 + 얼굴 + 이름 + 예쁜 여자 / 나의 얼굴(수어)이름은 예쁜 여자입니다.

기본단어

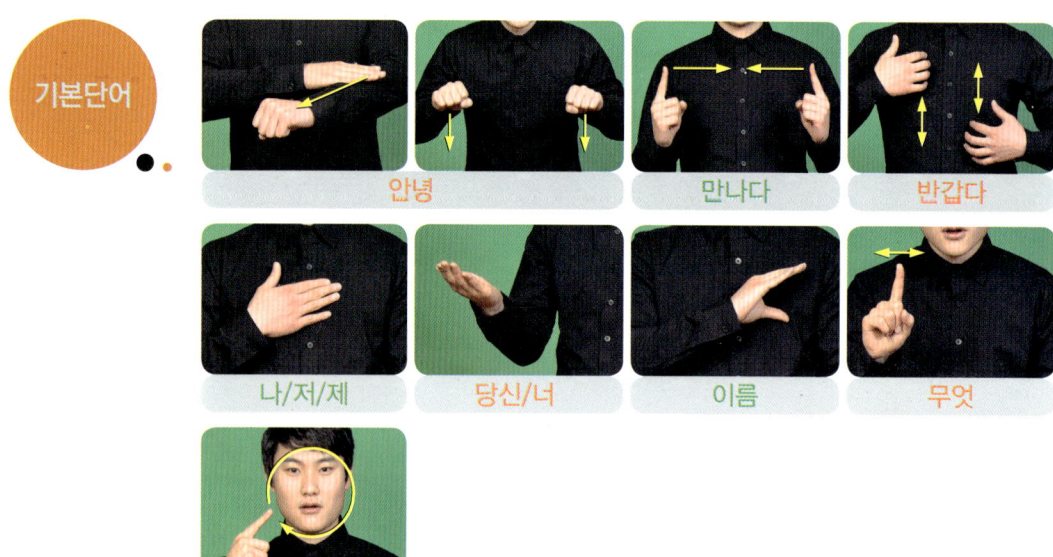

안녕 | 만나다 | 반갑다 | 나/저/제 | 당신/너 | 이름 | 무엇 | 얼굴

보충단어

우리 친구 친하다 다르다 귀엽다 못생기다 나이 헤어지다
고맙다 즐겁다 예쁘다

아는것이 힘

당신을 만나는 것이 내게는 무엇과도 바꿀 수 없는 행복으로 다가왔습니다.
수어로 인사할 때는 항상 상대방의 눈을 바라보세요.
수어는 눈으로 마음을 느끼는 언어이기 때문입니다.
조금은 어색하지만 상대방의 눈을 보며 환한 미소로 자신을 소개해 보세요.
나의 행복이 당신에게도 전해 질 수 있도록 ^^

연습문제

01. 수어와 같은 의미의 단어를 이어주세요.

 •

                                               • 수어
                                                (손가락의 움직임을 형상화한 것)

 •

                                               • 당신
                                                (상대를 가리키는 것)

 •

                                               • 만나다
                                                (마주 대하는 것)

 •

                                               • 고맙다
                                                (일본 씨름에서 이긴 쪽이 행하는 관례적인 동작)

02. 다음 수어를 해석해 보세요.

❶
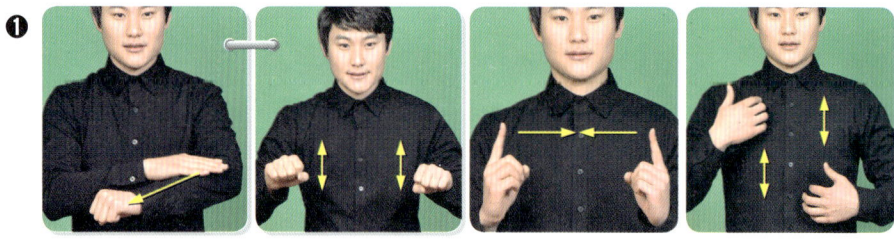

❷
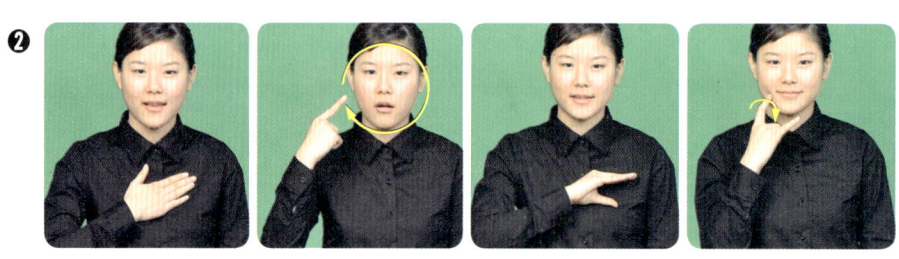

03. 다음 상황을 수어로 대화해 보세요.

Situation
- 옆 사람과 자기 소개하기

얼굴(수어)이름 만들기

    농 사회는 시각에 의존하여 많은 정보를 받아들이고 처리하는 독특한 문화가 발달한 사회입니다. 그 중에서 얼굴(수어)이름은 이런 시각문화의 특징을 한 눈에 보여주는 좋은 예라고 할 수 있습니다. 수어를 하면서 상대나 제3자의 이름을 불러야 할 때 일일이 지문자를 사용하여야 한다면 여간 번거로운 일이 아닐 수 없겠죠?

    얼굴이나 신체의 특징 또는 이름의 이니셜 등을 손짓으로 나타내는 얼굴(수어)이름은 농인이라면 대부분 가지고 있으며 농 사회에서 활동하는 청인들도 자연스럽게 가지게 되는 것입니다.
    그럼 수어에 첫 발을 내디딘 여러분들도 얼굴(수어)이름 한번 만들어 볼까요?

얼굴(수어)이름(눈썹이 진한 남자)

얼굴(수어)이름(얼굴이 예쁜 여자)

수어 그림 (손바닥)

아래의 손 모양이 사용되는 수어에 동그라미로 표시해보세요.

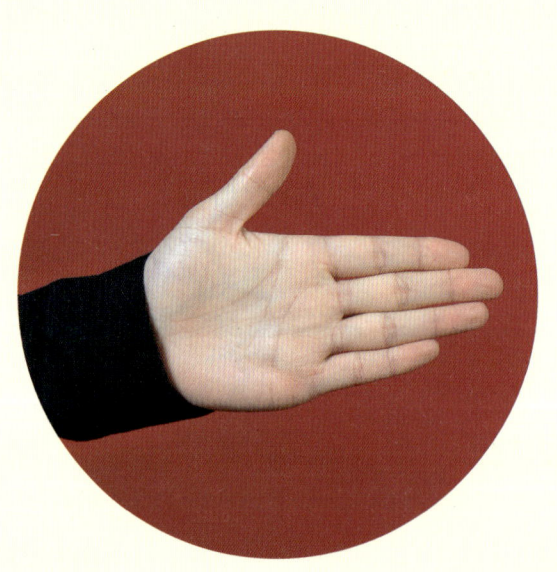

믿음 | 존재 | 나 | 잘 | 우리 | 당신 | 스스로 | 주다 | 무엇 | 바쁘다 | 바다
선생님 | 있다 | 등록 | 가방 | 아버지 | 비슷하다 | 어머니 | 학교 | 약속 | 노력
열심히 | 아직 | 요즘 | 빨리 | 이름 | 평화 | 차 | 트럭 | 기차

CHAPTER 02

인사 (II)

잘 지내셨나요?
오랜만에 만난 당신이 나는 참 반갑습니다.
인연의 시작은 인사입니다.
자주 혹은 가끔씩 만나는 사이라도
인사는 꼭 필요한 요소입니다.
좀 더 자세한 인사표현에 대해 알아보도록
할까요?

A 오랜만. 잘+살다〈?〉 / 오랜만입니다. 그동안 잘 지내셨습니까?

 오랜만 = 오래 + 동안

B 건강+괜찮다 / 잘 지내요.

오른 주먹의 4지를 펴서 끝 바닥을 턱에 가볍게 두번 댄다.

A 요즘+무엇〈?〉 / 요즘 어떻게 지내십니까?

B 일+바쁘다 / 일하면서 바쁘게 지내고 있습니다.

A 수고. 다음 + 만나 + 가능〈?〉 / 수고하십니다. 다음에 만날 수 있나요?

팔을 두드리는 것으로 노고가 많았음을 뜻한다.

B 가능. 나 + 휴대폰 + 연락하다 / 가능합니다. 제가 휴대폰으로 연락드리겠습니다.

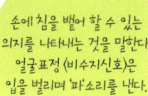

손에 침을 뱉어 할 수 있는 의지를 나타내는 것을 말한다. 얼굴표정(비수지신호)은 입을 벌리며 '파'소리를 낸다.

기본단어

오래 / 동안 / 요즘

건강 / 괜찮다 / 살다 / 일

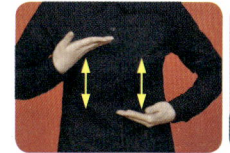    

바쁘다 / 다음 / 연락하다 / 가능 / 휴대폰

연습문제

01. 수어와 같은 의미의 단어를 이어주세요.

- 살다
(해가 뜨고 지는 것)

- 가능
(손바닥에 침을 뱉어 의지를 나타내는 것)

- 잘
(저고리 소매의 겉과 안이 잘맞아 매끄럽다는 것)

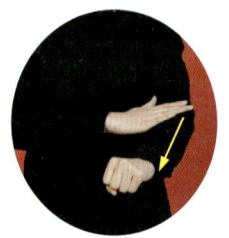

- 괜찮다
(4지를 깨무는 것쯤 아무렇지도 않다는 것)

02. 다음 수어를 해석해 보세요.

❶

❷

03. 다음 상황을 수어로 대화해 보세요.

Situation
- 우연히 길에서 친구를 만났습니다. 서로의 안부를 물어볼까요?

아는것이 힘

우연히 길을 걷다 농인 친구를 만난 청인은 반가움의 의미로 "시간 되면 동아리 모임에 놀러 와라"며 인사를 하고 헤어졌습니다. 며칠 뒤 농인 친구는 청인 친구를 만나러 동아리 방으로 갔지만 친구의 얼굴을 볼 수 없었습니다. 청인 친구의 말은 단순한 인사치레였기 때문입니다. 청인에게는 스쳐지나가는 사소한 말이, 농인에게는 꼭 지켜야 할 약속으로 생각될 수 있습니다. 잊지마세요!

난 그저 '괜찮다'라고 했을 뿐인데

• • •

'듣지 못하는 것 = 정보와의 단절'이라고 생각하는 사람들은 잘 없습니다.
수어를 사용하는 것이 단순히 말을 하지 못한다고 생각하는 사람도 있습니다.
단순한 손짓이라고 생각하는 사람도 만나보았습니다.

단순한 손짓이라고 하기엔 그들의 대화는 무겁고, 한 없이 깊으며
그 손짓을 통해 세상의 정보를 받아들이고, 지식의 경계를 허물고 있습니다.
농인이 사용하는 언어인 수어.
이 언어의 차이가 문화의 차이를 결정짓습니다.

    나는 농인입니다.
    얼마 전 청인 친구 집에 저녁 초대를 받게 되어, 예쁜 화분 하나를 들고 친구 집에 갔습니다. 맛있는 저녁을 먹은 뒤 후식으로 커피 한 잔 하자는 친구의 말에 '괜찮다' 고 말했습니다.
    한참 후 커피를 타온 친구는 다른 청인 친구들에게 맛있는 커피를 주고 나에게는 주지 않는 것이었습니다. 왜 나에게 커피를 주지 않는지를 조심스레 묻자 친구는
    "넌 조금 전에 괜찮다고 했잖아~" 라며 당황한 표정을 보이는 것이 아니겠습니까?
    "아니, 난 커피를 줘도 괜찮다는 뜻이었어." 라며 얘기하자 친구는 미안해하며 커피를 다시 타주었습니다.

    이해하셨나요? 농인과 청인 사이에서 쉽게 경험할 수 있는, 언어로 인해 생기는 문화적인 차이입니다. 농문화에서 '괜찮다'는 당신이 나에게 무엇을 주어도 괜찮다는 '긍정'의 뜻이며, 청인 문화에 '괜찮다'는 주지 않아도 된다는 '사양, 부정 즉 거부'의 뜻이 됩니다.
    문화적인 차이로 인해 필요 이상의 거리를 둘 필요는 없습니다.
    농인 그리고 청인.
    서로 이해할 수 있는 친구가 되길 바랍니다.

CHAPTER 03

가족소개

우리 삶을 지탱하는 이유는
바로 가족입니다.

모습은 제각기 다르지만 사랑하는 마음은
누구나 가득합니다.
이번 시간은 힘이 되는 존재인
가족에 대한 수어 표현을 소개하겠습니다.

A 당신+가족+소개+부탁 / 당신의 가족을 소개해 주세요.

집(가정)안의 사람이라는 뜻으로 왼손은 집을 뜻하고 오른손은 사람을 뜻한다.

B 나+가족+아버지+어머니+오빠+나+4명
/ 나의 가족은 아버지, 어머니, 오빠, 나 4명입니다.

왼손은 숫자(명수)를 오른손으로는 사람을 나타낸다.

A 나 + 가족 + 할아버지 + 할머니 + 부모님 + 누나 + 나 + 여동생 + 7명
/ 나의 가족은 할아버지, 할머니, 부모님, 누나, 나, 여동생 7명입니다.

B 가족 + 많다 / 가족이 많으시군요.

A 당신 + 아버지 + 어머니 + 얼굴 + 비슷하다 + 누구⟨?⟩
/ 당신은 아버지와 어머니 중 누구를 닮았습니까?

B 나 + 아버지 + 얼굴 + 비슷하다. 당신⟨?⟩
/ 나는 아버지를 닮았습니다. 당신은 누구를 닮았습니까?

A 나 + 할아버지 + 얼굴 + 비슷하다 / 나는 할아버지를 닮았습니다.

CHAPTER 03 _ 가족소개

기본단어

사람	가족		할아버지
할머니			아버지
어머니		여동생	오빠
부모님		비슷하다	부탁
소개/사회/통역	많다		

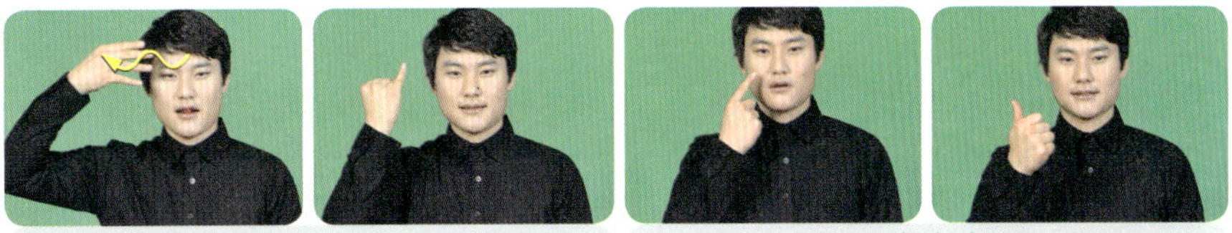

보충단어

남자 | 여자 | 결혼하다 | 남편 | 아내 | 아기 | 태어나다 | 아들 | 딸 | 어른 | 젊다 | 늙다 | 집 | 모두 | 적다/작다 | 남동생 | 언니 | 쌍둥이

연습문제

01. 수어와 같은 의미의 단어를 이어주세요.

여동생
(아래 여자)

가족
(집-가정-안의 사람)

소개(통역)
(두 사람을 말로써 연결해 주는 것)

부탁
(허리를 굽혀 사람에게 부탁하는 모습)

02. 다음 수어를 해석해 보세요.

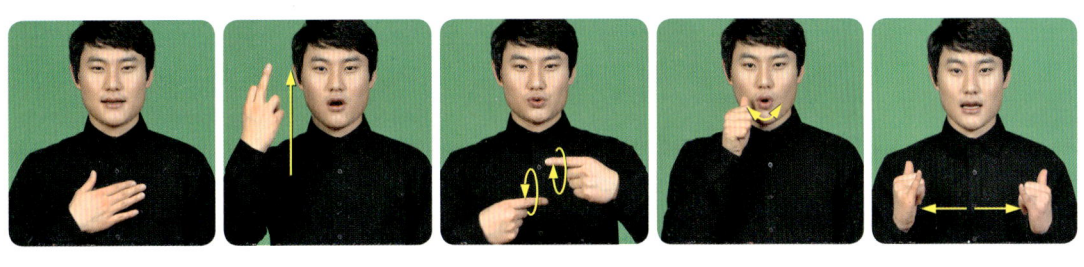

03. 가계도를 통해서 나의 가족을 수어로 익혀 보세요.

수어 문장을 끝낼 때는 이렇게

1. 서술어

1) 평서형 : 문장마지막에 수어 단어 그대로 끝을 냅니다. 예) 엄마가 왔습니다. (엄마+오다+끝)
2) 의문형 : "입니까?"라는 의문형 수어가 있으나 농식에서는 거의 사용되지 않습니다. 대부분 비수지로 눈썹을 치켜올리며 의문형을 표현합니다.
   예) 엄마가 오셨습니까? (엄마+오다+끝+눈썹을 치켜올리고 눈을 크게 뜹니다.)

〈평서형과 의문형 표현의 예〉

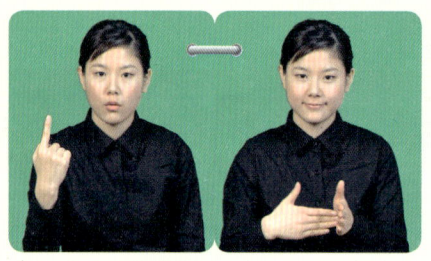
정말옵니다. (평서)

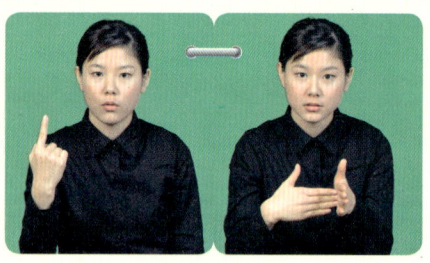
정말 와요? (의문)

2. 시제표현

끝(과거)

-중(현재)

아마(미래)

앞뒤로 두번 약간 흔든다

[연습] 아래 문장에 따라 수어로 시제를 표현해 보세요.

과거 : 나는 결혼을 했습니다.

현재 : 형은 수어통역 중입니다.

미래 : 앞으로 많이 바빠질 것 같습니다.

CHAPTER 04

학교생활 (I)

우리의 청춘이 가득한 곳은
바로 학교입니다.
학교를 가만히 떠올리면 수만 가지의 추억
들이 방울방울 생각나고 입가엔 미소가
가득 합니다.
유년시절의 추억을 떠올리며, 학교에서
사용되는 수어들을 차근차근 배워볼까요?

A 대학교 + 시험 + 공부 + 때문 + 힘들다⟨?⟩ / 대학교 시험공부 때문에 힘드시죠?

B 맞다. 힘들다 + 열심 + 노력 + -중 / 네, 힘들지만 열심히 노력하고 있습니다.

A 대학교 + 입학 + 원하다 + 어디⟨?⟩ / 어느 대학교에 가고 싶습니까?

어디 = 무엇 + 곳

B ○○ + 대학교 + 입학 + 원하다 / ○○대학교에 입학하고 싶습니다.

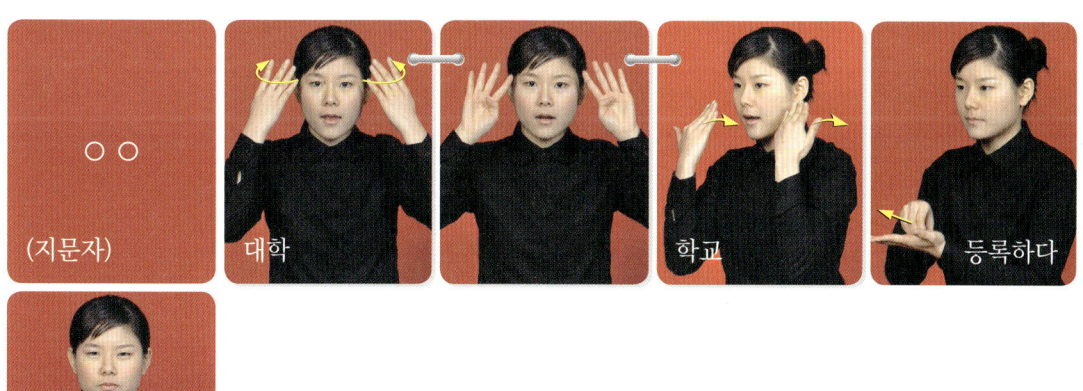

A 대학교 + 수어 + 통역 + 있다 / 그 대학교는 수어통역이 있습니다.

B 정말⟨?⟩. 수어 + 통역 + 있다 + 좋다 / 정말요? 수어통역이 있다니 좋습니다.

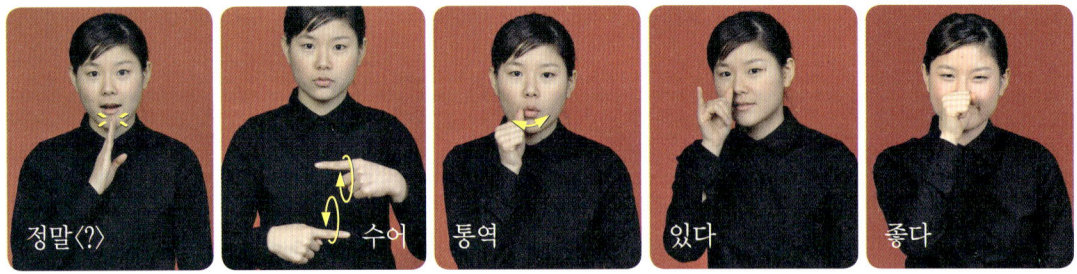

A 맞다 + 도움 + 크다 / 네, 많은 도움이 될 겁니다.

 기본단어

대학교   공부
때문에   힘들다   있다
열심히   노력   시험   등록/가입
좋다   돕다   크다   맞다

보충단어

학생 | 선생님 | 초등학교 | 중학교 | 고등학교 | 싫다 | 도움받다 | 없다 | 결석 | 방학 | 대학원 | 지각 | 숙제

연습문제

01. 수어와 같은 의미의 단어를 이어주세요.

 •

• 노력
(땀방울이 맺히는 것)

 •

• 공부
(훈련마의 눈가리개)

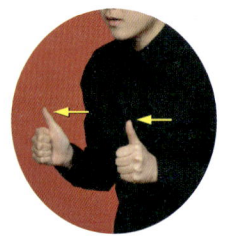 •

• 열심히
(분만을 위해 힘을 주는 것)

 •

• 학교
(책가방 뚜껑이 여닫히는 것)

02. 다음 수어를 해석해 보세요.

❶

❷

03. 다음 문장을 수어로 대화해 보세요.

Situation
- 즐거웠던 학창시절을 추억하며 이야기 나누기

TIP

재미있는 수어사다리

수어의 뜻을 찾아 한 칸씩 아래로~ 아래로~ 내려가 볼까요?

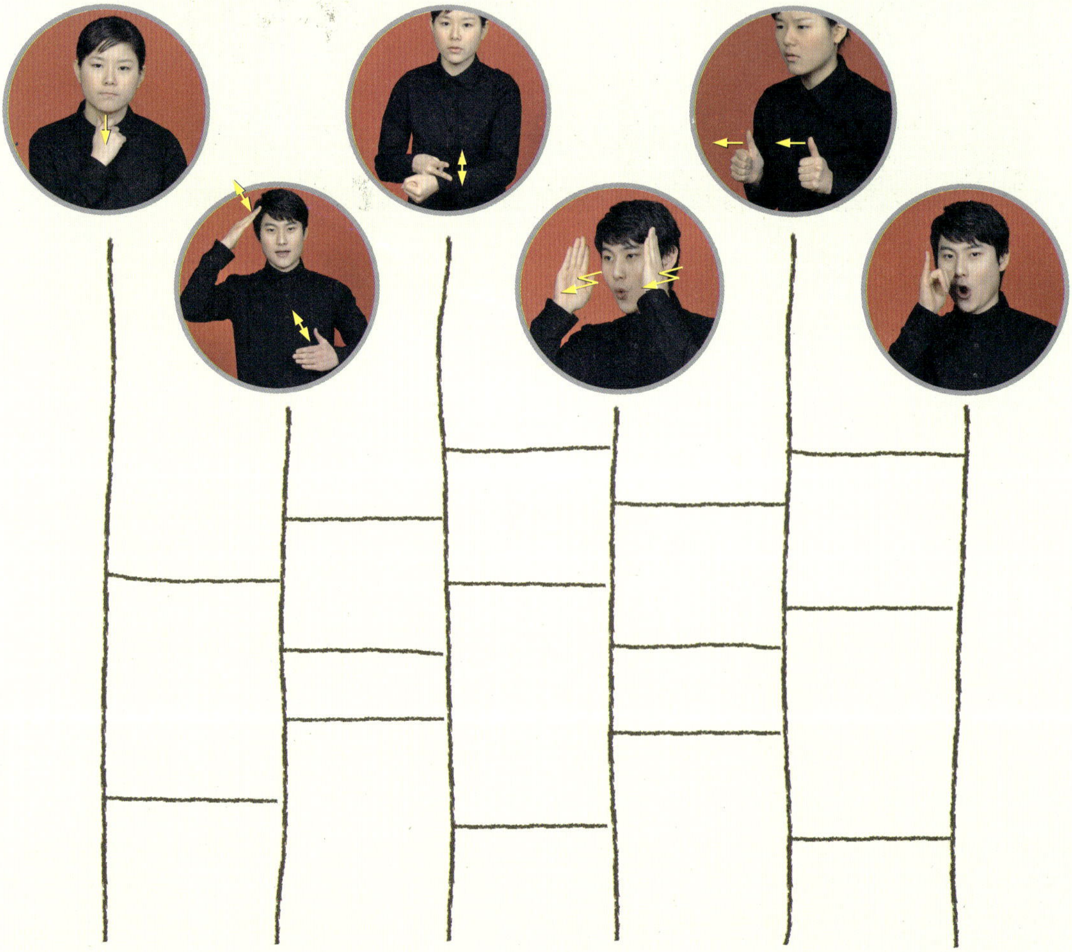

원하다 공부 학생 있다 선생님 열심히

CHAPTER 05

학교생활 (II)

어머, 나와 같은 학교를 졸업했구나!
그 선생님은 여전하실까?
학교 하나로 우리는 인연이 되고, 수많은
대화를 나눕니다.
4과에 이어 학교와 관련된 좀 더 다양한
수어를 배우도록 하겠습니다.

A 당신 + 학생〈?〉 / 당신은 학생입니까?

B 올해 + 대학교 + 입학 / 올해 대학교에 입학합니다.

위로 향하게 편 원 손바닥에 오른 손가락을 약간 구부려 끝을 대고 동시에 밖으로 내민다.

올해 = 오늘 + 해/날

A 축하. 고등학교 + 졸업 + 행사 + 끝〈?〉 / 축하합니다. 고등학교 졸업식은 했습니까?

축하 = 행복 + 행사

B 아직. 내일 / 아니오. 내일합니다.

A 대학 + 전공 + 무엇〈?〉 / 대학교에서 전공이 무엇입니까?

B 사회복지 + 전공. 또 + 수어 + 동아리 + 가입 + 원하다
/ 전공은 사회복지입니다. 그리고 수어동아리에 가입하고 싶습니다.

사회복지 = 사회 + 행복

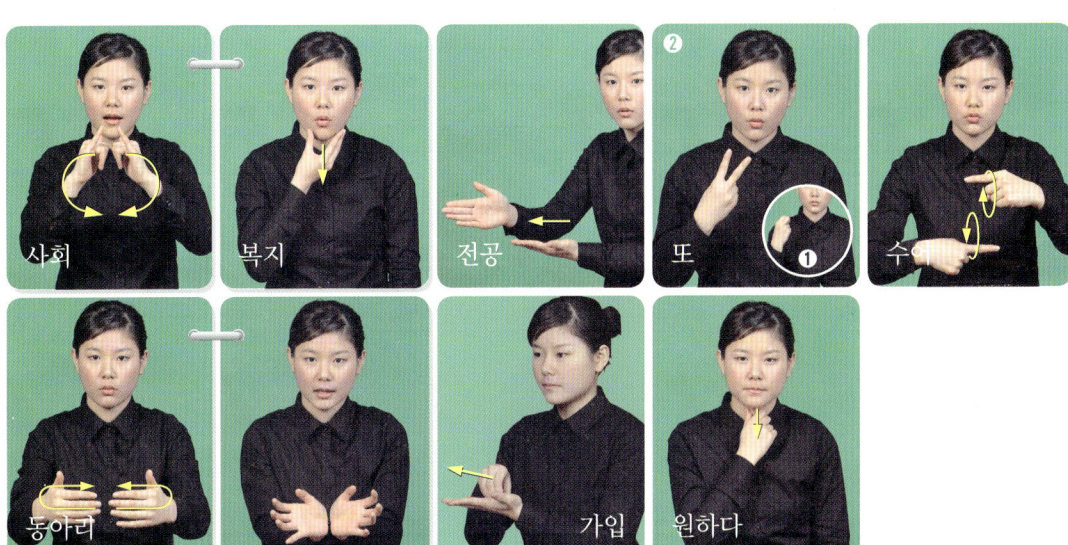

A 공부 + 열심히 + 부탁. 또 + 스스로 + 주다 + 활동 + 많이 + 부탁
/ 공부 열심히 하세요. 또 자원봉사활동도 많이 하세요.

자원봉사활동 = 스스로 + 주다 + 활동

 기본단어

오늘/현재 | 해/날 | 졸업 | 아직
축하/행사 | | 내일 | 전공
사회복지(사회+행복/복지) | | 스스로/혼자 |
주다 | 활동 | 동아리 | 또

보충단어

미래 | 과거 | 어제 | 국어 | 수학 | 영어 | 과학 | 가르치다 | 제자
선배 | 후배 | 알다 | 모르다 | 배우다 | 받다

 아는것이 **힘**

"나는 당신 많이 미안, 내일 또 만나 원해"
"우리 시내 점심 먹고 중, 배 가득 기분 좋았다."
놀라셨나요? 실제 농인들이 사용하는 문장입니다.
우리의 입은 농인에게는 손이 되고, 우리의 귀는 농인에게 눈이 되기 때문에 발성 기관과 듣는 기관이 다른 언어를 받아들인다는 것은 결코 쉬운 일이 아닙니다.
그렇기 때문에 고등교육을 받은 농인이라 하더라도, 문장 구사력에 있어서는 비장애인과 조금 다를 수 있으며 이러한 차이를 자연스레 이해하고 받아들이는 마음이 필요합니다.

연습문제

01. 수어와 같은 의미의 난어를 이어주세요.

 •   • 전공
(나아가는 길을 형상화 한 것)

 •   • 졸업
(증서를 정중하게 받는 것)

 •   • 배우다
(가르쳐 이름을 받는 것)

 •   • 또
(굽히지 않는 것)

02. 다음 수어를 해석해 보세요.

❶

❷

03. 다음 문장을 수어로 대화해 보세요.

Situation
● 학창시절 좋아했던 과목과 싫어했던 과목 이야기하기

비수지언어

비수지언어(NMS : non-manual signals)란?

의사소통시 문법적으로 매우 중요한 역할을 하는 것이 턱을 올리거나 끌어들이는 것, 수긍하는 것, 머리를 흔드는 것, 눈썹을 올리거나 내리는 것, 시선의 방향, 눈을 감거나 뜨는 것, 상체의 방향 등 손이나 손가락 외의 동작입니다. 이것들을 모두 비수지 언어(혹은 비수지 신호)라 합니다. 이런 비수지 언어는 음성언어의 억양이나 악센트와 유사한 점이 있으나 그보다 훨씬 변화가 풍부하고, 문법적으로 다른 점을 다양한 표정과 몸의 움직임으로 표현할 수 있습니다.

표정을 통한 의미전달

정말 와요? (의문)

정말 올까? (부정)

정말 옵니다 (긍정)

정~말 옵니다 (강조)

음식 맛에 따른 다양한 표정

맵다

짜다

달다 (설탕)

쓰다

시다

CHAPTER 06

시간 (1)

누구에게나 시간은 흐르며
그 시간을 의미 있게 하는 것은 결국 나의
몫입니다.
몇 초, 몇 분, 몇 시가 모여 하루가 되고
일년이 되고, 미래가 됩니다.
지금부터 소중한 시간에 대해 수어로 배워
보도록 하겠습니다.

A 오늘 + 며칠(언제)〈?〉 / 오늘은 며칠입니까?

가슴 앞에서 모로 세운 왼손 위에 모로 세운 오른손 올려놓고 5지부터 손가락을 접는다.

B 8월 15일 / 8월 15일입니다.

날짜를 나타낼 때는 왼손을 조금 위쪽에 위치하여 월(月)을 나타내고 오른손은 조금 아래에 일(日)을 나타냅니다.

A 2시 + 친구 + 만나다 + 약속 + 잊다 + 뻔 / 2시에 친구 만나기로 했는데 잊을 뻔 했군요.

B 지금+시간+충분+빨리+가다 / 지금 시간이 좀 남았으니 빨리 가시면 됩니다.

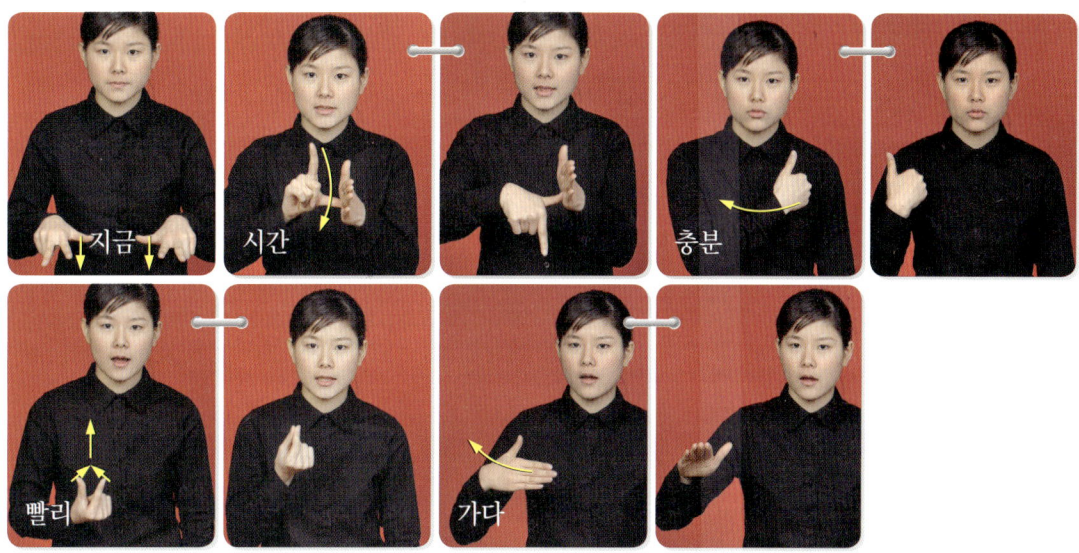

A 맞다. 택시. 다음+만나다 / 네. 택시타고 가야겠네요. 다음에 뵙겠습니다.

오른 주먹의 5지를 펴서 1지 끝 바닥에 대고 세우고, 그 밑에서 손등이 위로 향하게 편 왼손을 전후로 흔든다.

기본단어

시간 | 약속 | 잊다
충분 | | 빨리/곧
가다 | | 택시 | ~뻔

보충단어

오전 | 정오 | 새벽 | 아침 | 저녁 | 하루 | 낮 | 밤 | 기억하다
부족 | 오다 | 월(月)

연습문제

01. 수어와 같은 의미의 단어를 이어주세요.

 •

• 빨리, 어서, 곧
(손가락을 튕기는 순식간의 시간)

 •

• 약속
(손가락을 걸어 맺는 것)

 •

• 아침
(산위로 해가 떠오르는 것)

02. 다음 수어를 해석해 보세요.

 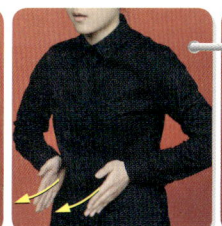   

정답 나의 생일은 3월 1일 입니다.

03. 다음 시계를 통해 다양한 시간 표현을 해보세요.

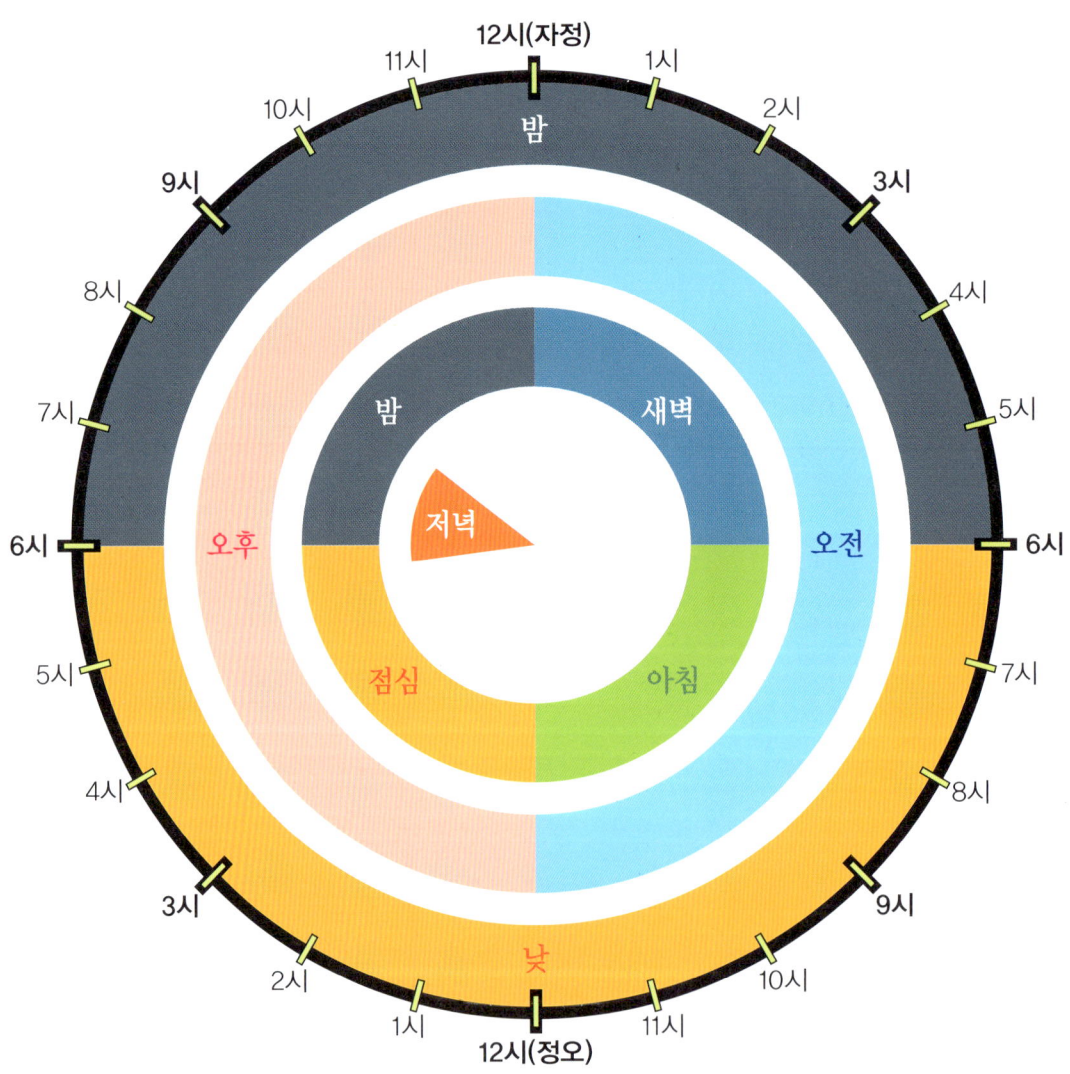

CHAPTER 07

시간 (II)

휴대전화가 없던 시절 농인들은

약속을 정하면 상대가 올 때까지 하염없이
기다리고 또 기다렸습니다.
농인의 삶에서 분리될 수 없는 시간에 대해
좀 더 자세히 배워보도록 할까요?

A 당신 + 요일 + 좋다 + 무엇⟨?⟩ / 당신은 무슨 요일을 좋아합니까?

오른 손끝을 턱에 대고 1, 2, 3지를 번갈아 움직인다.

B 나 + 토요일 + 좋다. 쉬다 + 때문 / 저는 토요일이 좋습니다. 쉬는 날이기 때문입니다.

 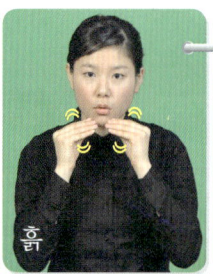  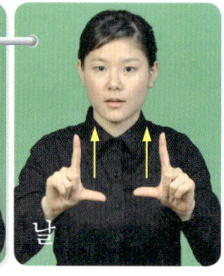 

토요일 = 흙 + 날

A 내일 + 요일 + 무엇⟨?⟩ / 내일은 무슨 요일입니까?

B 일요일. 당신+무엇〈?〉 / 일요일입니다. 당신은 무엇을 합니까?

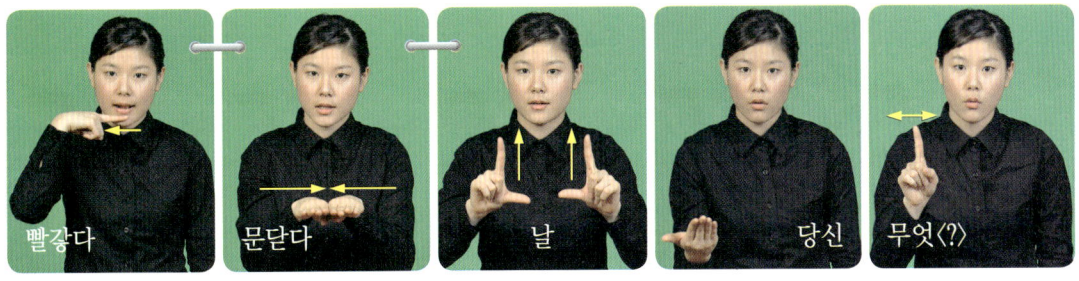

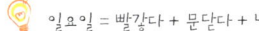

일요일 = 빨갛다 + 문닫다 + 날

A 교회+끝+후+가족+놀다
/ 교회 갔다가, 나머지 시간은 가족과 함께 보냅니다.

교회 = 십자가 + 집

B 가족+놀다+무엇〈?〉 / 가족과 무엇을 합니까?

A 가족 + 대화 / 가족과 대화를 나눕니다.

B 행복. 나 + 일요일 + 당신 + 같다(처럼) + 가족 + 대화 + 원하다
/ 행복하시겠습니다. 나도 일요일에 당신처럼 가족들과 대화하며 보내고 싶습니다.

기본단어

대화 　　　　　　　　　　　일요일

교회　　　　　　　놀다　　　　　　같다(~처럼)

요일　　　　　쉬다/휴식　　　　 - 후

보충단어

월요일 | 화요일 | 수요일 | 목요일 | 금요일 | 토요일 | 일주일 | 매일 |
주말 | 불행 | 기다리다 | 함께 | 한 달 | 일년

아는것이 힘

6월 3일은 무슨 날일까요?

6월 3일은 '농아인의 날'입니다. 한국농아인협회의 원형인 조선농아인협회라는 자조자립단체가 설립된 1946년 '6월'과 귀의 모양을 형상화한 '3'을 합쳐 결합시켜 농아인의 날로 정하게 되었습니다. 매년 6월이 되면 전국의 농아인협회에서는 이를 기념하기 위한 다양한 기념행사를 개최하여 농인의 능력고취와 사회통합을 위해 앞장서고 있습니다.

또한 9월 9일은 '귀의 날'입니다. 이는 지난 1958년 대한이비인후과학회에서 제정한 날로서 '9월 9일'에서 숫자 9의 모양새가 양쪽 귀를 닮은 데 착안해 택일되었습니다.

연습문제

01. 수어와 같은 의미의 단어들 이어주세요.

• 놀다
(흙을 빚는 듯)

• 행복
(턱(또는 수염) 쓰다듬어 만족함을 나타내는 것)

• 대화
(이야기를 주고 받는 것)

• 토요일
(토(土), 흙, 가루)

02. 다음 수어를 해석해 보세요.

03. 다음 달력을 통해 다양한 날짜표현을 해보세요.

일요일	월요일	화요일	수요일	목요일	금요일	토요일
				1 1월초순	2 1월초순	3 1월초순
4 1월초순	5 1월초순	6 1월초순	7 **공휴일** 1월초순	8 1월초순	9 1월초순	10 1월초순
11 **그제** 1월중순	12 **어제** 1월중순	13 **오늘** 1월중순	14 **내일** 1월중순	15 **모레** 1월중순	16 1월중순	17 1월중순
18 1월중순	19 1월중순	20 1월중순	21 1월하순	22 1월하순	23 1월하순	24 1월하순
25 1월하순	26 1월하순	27 1월하순	28 1월하순	29 1월하순	30 1월하순	31 1월하순

1주 / 매주

요일: 요일표현을 할때에는, 수지를 수평으로 이동한다.

'있다', '없다'의 다양한 표현

'있다'

◀ 보편적으로 사용되는 '있다'

◀ 사람이나 존재함을 나타낼 때 사용되는 '있다'

'없다'

◀ 숫자 0을 표현한 수어로 가장많이 사용되는 '없다'

◀ 손을 털어서 아무것도 없음을 나타내는 '없다'

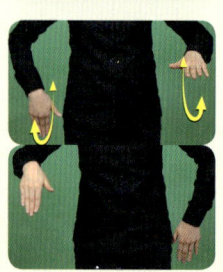
◀ 양손을 흔들어서 손에 든 것이 없음을 나타낼때 사용되는 '없다'

◀ 손을 동그랗게 만들어 훅 불어서 아무것도 없음을 나타낼 때 사용하는 '없다'

CHAPTER 08
계절과 자연

따스한 봄과 열정적인 여름,
서늘한 가을과, 코끝을 스치는 겨울
이 모든 계절을 만날 수 있다는건 행복입니다.
이 아름다운 사계절을 수어로는 어떻게
표현하는지 배워볼까요?

A 당신 + 계절 + 좋다 + 무엇⟨?⟩
/ 당신은 무슨 계절을 좋아합니까?

당신 / 계절 / 좋아 / 무엇⟨?⟩

B 여름 + 좋다 / 여름을 좋아합니다.

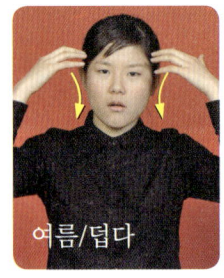 

여름/덥다 / 좋다

A 당신 + 여름 + 쉬다 + 때 + 산 + 바다 + 강 + 중 + 원하다 + 무엇⟨?⟩
/ 당신은 여름휴가 때 산, 바다, 강 중 어디를 가고 싶습니까?

바다 = 짜다 + 파도
강 = 물 + 흐르다

당신 / 여름/덥다 / 쉬다/휴식 / 때

산 / 짜다 / 파도 / 물 / 흐르다

중 | 원하다

B 나 + 바다 + 수영 + 원하다 / 저는 바다에 가서 수영을 하고 싶습니다.

  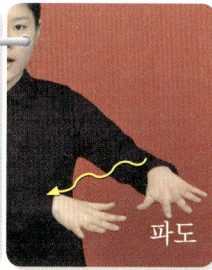  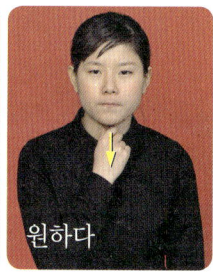

나 | 짜다 | 파도 | 수영 | 원하다

A 겨울 + 눈 + 원하다 + 무엇⟨?⟩ / 겨울에 눈이 오면 무엇을 하고 싶습니까?

겨울 | 희다 | 내리다 | 원하다 | 무엇⟨?⟩

💡 눈 = 희다 + 내리다

B 사랑＋사람＋함께＋눈＋구경＋원하다
/ 사랑하는 사람과 함께 눈 내리는 것을 보고 싶습니다.

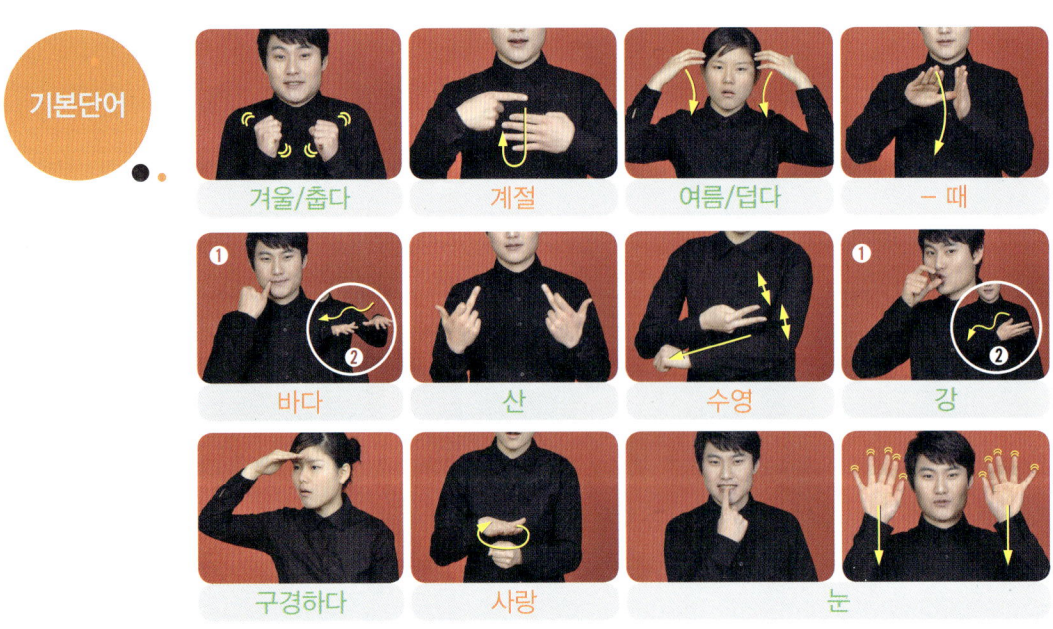

보충단어: 가을/바람 | 봄/따뜻하다 | 하늘 | 비 | 높다 | 깊다 | 넓다 | 꽃 | 나무 | 믿음 | 좁다 | 자라다 | 번개 | 해 | 달 | 별

연습문제

01. 수어와 같은 의미의 단어를 이어주세요.

 •

 •

 •

• 사랑
(머리를 쓰다듬는 모습)

• 춥다
(추워서 떠는 모습)

• 구경
(두리번 구경하는 모습)

02. 다음 수어를 해석해 보세요.

 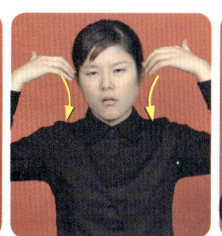   

수어 조각 넣기

아래 그림을 참고하여 문장을 완성해보세요.

1. 시원한 바람이 부는 (   )을(를) 좋아합니다.

2. 이번 여름휴가 때 친구들과 (   )(으)로 물놀이를 갈 계획입니다.

3. 내 취미는 (   )입니다.

4. 하늘은 (   ), 바다는 (   ).

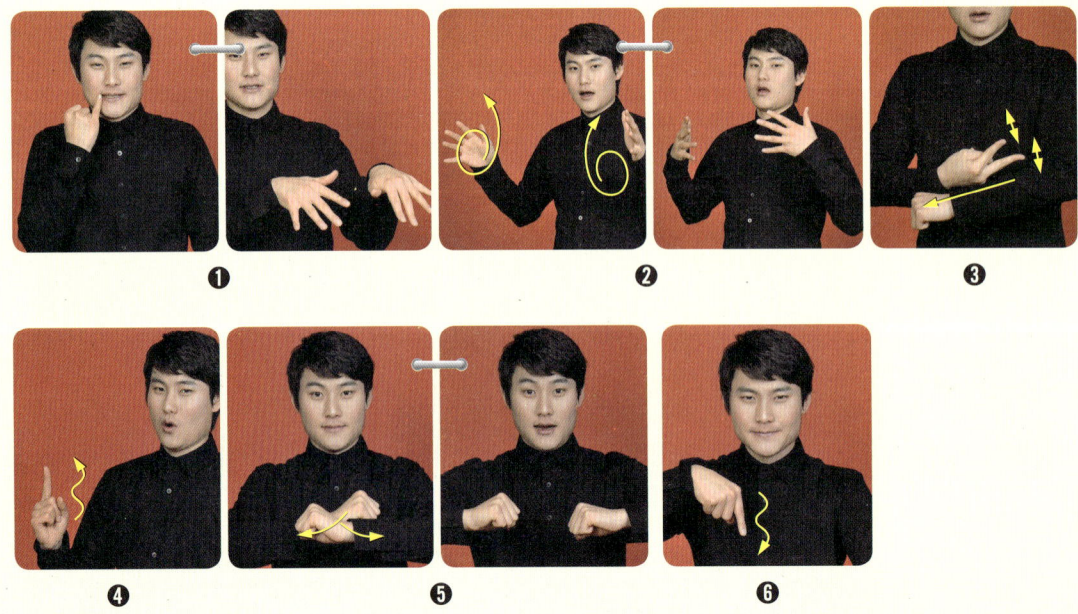

CHAPTER 09

병원

병원에 관련된 수어는 농인의
건강과 삶이 직결된 아주 중요한
부분입니다.

우리가 조금만 배워도 큰 힘이 되지요.
병원에서 사용될 수 있는 다양한 수어표현에
대해 알아볼까요?

A 아프다 + 어디⟨?⟩ / 어디가 아프세요?

B 기침 + 피곤 + 계속 / 계속 기침이 나고 피곤해요.

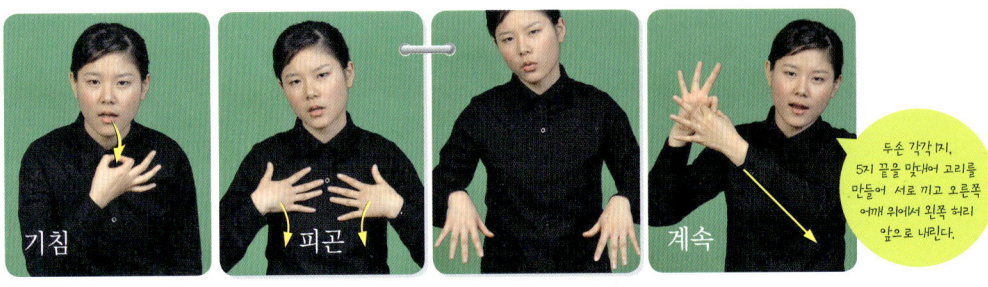

A 아프다 + 언제⟨?⟩ / 언제부터 아팠나요?

B 3일전 / 3일전부터요.

A 또 + 아프다 + 있다〈?〉 / 또, 아픈 곳은 있나요?

B 기침 + 심하다 + 콧물 + 머리 + 뜨겁다
/ 기침이 심하고, 콧물이 나고, 머리에 열이 나요.

A 5일 + 약.하루 + 3번 + 먹다 + 휴식 + 필요하다
/ 약 5일치 처방해 드릴게요. 하루 3번 드시고, 푹 쉬셔야 합니다.

B 알다.감사 / 알겠습니다. 감사합니다.

기본단어

 아프다
 곳
 기침
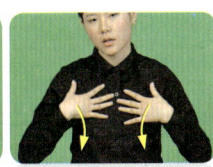 피곤

 알다
 콧물
 뜨겁다/열
 약

 계속
 먹다
 필요하다

보충단어

진찰 | 입원 | 퇴원 | 수술 | 상처 | 의사 | 간호사 | 검사 | 병환자 | 주사 | 병원 | 모르다 | 필요없다 | ~부터

아는것이 힘

농인은 학교에서 어떻게 수업을 들을까요?
농인만을 위한 특수학교(초·중·고 과정)에서는 선생님이 수어와 함께 교육을 하고 있지만, 대학과정에서는 문제가 달라집니다.
요즘엔 학교 여건에 따라 전공과목 및 교양과목에 수어통역, 속기, 대필 등을 지원하거나 노트북 대여 및 노트북 대필 도우미와 같은 학습에 필요한 기자재 대여 및 자원봉사자를 지원해 주기도 합니다. 하지만 이러한 제도가 이뤄지고 있는 대학은 한정적이며, 관심 또한 많이 부족한 것이 사실입니다.
표면적으로 드러나지 않는 장애, 청각장애.
조금만 관심을 가지고 최소한의 권리를 보장해 줄 수 있다면 조금 더 많은 농인들의 배움의 기쁨을 누리고, 배움의 욕구는 장애의 벽을 허무는 가장 좋은 방법이 될 것입니다.

연습문제

01. 수어와 같은 의미의 단어를 이어주세요.

· 약
(약을 문질러 가는 것)

· 뜨겁다
(닿자마자 손을 떼는 것)

· 아프다
(욱신거리는 것)

02. 다음 수어를 해석해 보세요.

손등이 밖으로 향하게 편 왼손등을 오른 주먹의 1지, 2지를 펴서 끝으로 두 번 두드린다.

나에게 매우 소중한 물건(?)

저승으로 가는 문앞에서..
농인, 지체장애인, 시각장애인 세 명이 저승사자 앞에 나란히 앉았습니다.
장애가 있음에도 불구하고 평생을 열심히 살아온 이들에게
저승사자가
"너희 셋 모두 이승에서 아주 열심히 살았으니 상을 주겠다. 땅속에 묻힐 때 함께 관속에 넣어주었으면 하는 물건 하나씩을 이야기 해보거라"

이 말을 들은 지체장애인은
"전 다리가 불편하여 걸을 수가 없으니 저승에서도 편하게 이동할 수 있게 제일 좋은 전동휠체어를 넣어주십시오"

시각장애인은
"저는 앞이 잘 보이지 않아서 걷기가 힘드니 흰 지팡이를 넣고 싶습니다."
라고 대답했다.

한참을 고민하고 있는 농인을 본 저승사자는
"너는 무엇을 넣고 싶으냐?"
하고 묻자,

"저는 듣지 못하고 말하지 못해서 너무 불편합니다. 그래서 저는 저승에서도 제 말을 통역해 줄 수 있는 수어통역사가 필요하니 꼭 수어통역사를 저와 함께 묻어주십시오. 가능 할까요?"

저승사자
"..."

수어 퍼즐

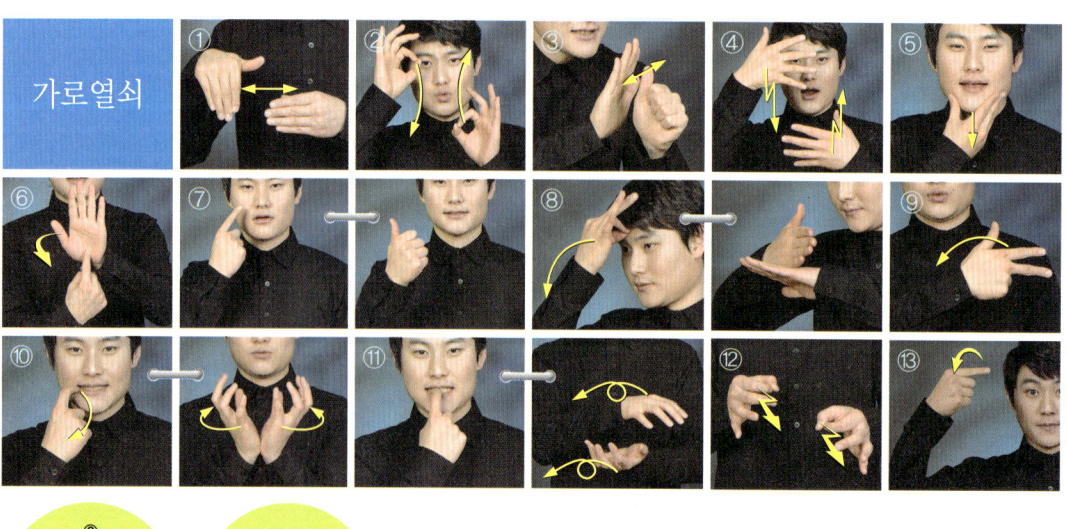

가로열쇠

② 양손 1지 · 5지를 둥그렇게 만들어 위 아래로 어긋나게 한다. 눈으로 보는 것이 어긋남을 나타낸 동작.

⑥ 손등이 밖으로 향하여 세운 왼 손바닥에 오른 손의 1지를 펴서 끝을 대고 왼 손목을 돌려 손바닥이 밖으로 향하게 한다.

세로열쇠

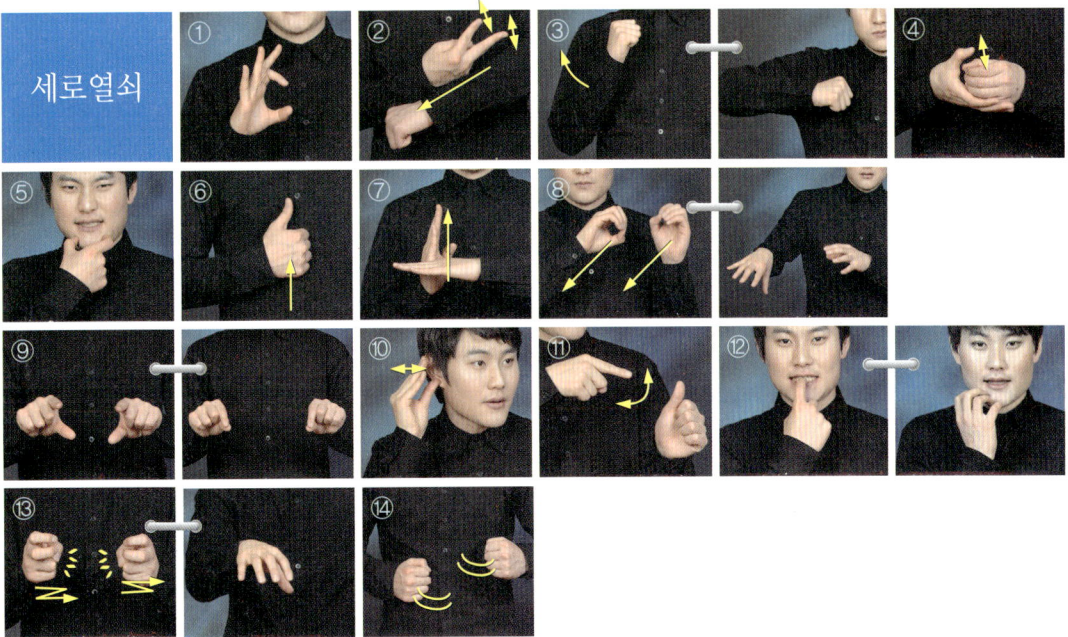

정답									
①문	①화		③위	로	하	⑮다			⑤싫
	장		반			⑤행	④복	하	다
②실	②수						숭		
	④영	⑥화		⑦지		⑦아	⑧버		지
⑩매		⑥나	타	나	다		리		
⑧미	안	⑫하	다		치		⑬다	⑨음	
		얀		⑪가	다				식
	⑬정	색		르		⑨무	지	⑭개	
	류			치				⑪구	름
⑫시	장			다		⑩개	나	리	

쉬어가기

언어로서의 수어

1. 수어의 발생

수어는 언제 어디서부터 농인의 의사소통 수단으로 사용되어 왔는지 정확히 알 수는 없지만 농인이 한 곳에 모여 살게 되면서 부터 수어가 농인들의 의사소통의 편리한 수단으로 발전되었다고 한다.

(1) 외국 수어 역사

① 프랑스 : C. M. de l'Epee 200년전 최초의 농아학교를 세웠으며 수어가 청각장애인의 의사소통의 수단으로 발전되는 초석을 만들었고, "수어는 농인의 모국어다"라고 역설했다.
② 스페인 : J. P. Bonet 세계 최초의 지문자 수어 알파벳을 창안했다. [알파벳의 단수화 및 농아와 언어 교수법]
  - 1607년

(2) 우리나라 수어의 역사

① 일제식민지 시대의 수어 상황을 중심으로 한 초창기(1913~1945)
  - 1909년 최초의 농교육 : 미국인 선교사 홀 여사
  - 1913년 조선총독부 「제생원 맹아부」 : 농 아동들을 대상으로 한 정식 수어교육이 이루어짐
    우리나라 농인들 사이에서 수어 사용(제생원 맹아부 아본과에서는 일본수어 사용)
  - 1916년 농인의 범법 사실에 대한 법원에서의 신문통사 : 우리나라 안에서 이루어진 공식적인 수어통역의 효시
  - 1920년 일본인 구리다에 의한 「조선농아협회」 발족, 일본수어와 한국 고유의 관용수어들이 혼용, 결과적으로 한국수어 발전
  - 1930년 ~ 일본어를 중심으로 하는 구화주의, 수어 사용 위축
② 광복 이후의 수어 상황을 중심으로 한 발전기(1945~1980)
  - 1945년 『제생원 맹아부』→ 미군군청 후생부 → 문교부로 이관(1948), 특수교육의 제도적 정비
  - 1947년 『국립맹아학교장』 윤백원 - 한글지문자 창안(1947)
    (자음 14자, 모음 10자, 복모음 7자, 복자음(ㅆ), 현재의 지문자와 ㄱ, ㅅ, ㅇ, ㅋ이 다름)

- 1963년 『서울농아학교』에서 국내 최초 '수화' 간행, 수어기호를 해설한 설명서
- 1979년 『영락농인교회』 '우리들의 수화'
- 1960 ~ 1970년대 농 학교 교사들을 중심으로 수어통역 도우미 활동이 활발히 이루어짐
- 1975년 『농교육 국제회의』 (토털 커뮤니케이션의 영향 → 수어에 대한 관심은 수어 어휘를 체계화함)

③ 수어에 대한 사회적 인식 변화기(1981~2001)
- 1982년 금옥학술문화재단 '표준수화사전', '한·미·일 수화사전' 편찬
- 1983년 '청각장애학교 교육과정'에서 처음으로 요육활동에 지문자 및 표준 수어 지도가 포함
- 1989년 『서울농아학교』 수어를 교과목으로 채택, 주 1시간씩 지도, 학생지도용 수어 교본 3권 간행
- 1991년 교육부 장학자료 '한글식 표준수화'
- 1993년 이후 중학부용 수어 교과서 3권 발간, 제1권(가정생활), 제2권(학교생활), 제3권(사회생활)
- 1995년 한국농아인복지회를 중심으로 수어 교본[사랑의 수화교실] 발간
- 1997년 수화통역사 자격인정시험(민간) 시행

④ 언어학적 수어 발전기(2002년~현재)
- 2002년 대학원 과정 『국제수화통역학과』(나사렛대학교)
- 2002년 2년제 과정 『수화통역학과』(국립재활복지대학) → 학교 교육을 통한 전문적인 수어통역사 양성
- 2006년 국가공인수화통역사 시험 시행

2. 수어의 필요성
① 농인의 의사소통에 가장 적합한 의사표현 방식이다.
② 농인과 청인사이에 정확한 의사소통을 위한 수단이다.
③ 농인 생활의 심층적인 면을 이해하려면 먼저 농인의 모국어인 수어를 이해하여야한다.

3. 수어에 대한 다양한 견해

(1) 부정적인 견해
① 구화만을 통한 농교육 강조 - 1880년 밀라노 국제교육자대회
② 수어의 모습, 형태, 감각 체제들은 구어와 유사하나 구화를 배우는데 최대의 장애요인이 된다.

(2) 긍정적인면
① 수어는 다른 언어와 마찬가지로 실제언어이다.
② 1912년, 뉴욕 농아학교 동창회장 E. Currier "농아인의 모국어인 수어를 말살하는 행위는 마치 새의 깃털을 가위로 자르는 야만적인 행위이다."
③ 국제농아협회(WFD) 제 17대 회장 Seorge, W. "수어는 하나님이 농아에게 주신 가장 고귀한 선물이다."

〈수화와 음성언어의 비교〉

구분	수화	음성언어
조음기관	눈으로 확인 가능 관절, 근육, 움직임에 따라 다름 머리, 얼굴, 몸통, 팔, 손 등으로 조음 호흡기관: 폐, 기관지	호흡기관: 폐, 기관지 후두: 성대, 성문 성도: 인두, 구강, 비강
기본위치 기본자세	직립자세에서 팔이 앞을 향한 상태에서 팔꿈치의 굴절	혀의 중간위치
조음공간	3차원 공간 허리에서 머리위, 어깨에서 양옆으로 떨어진 공간 등 팔이 뻗칠 수 있는 범위내의 공간	목
구성요소	수형: 손의 모양 수위: 손의 위치=조음위치 수동: 손의 움직임 수향(장향: 손바닥방향, 지향: 손가락 끝 방향)	공기의 흐름 마찰 혀의 움직임 성대의 떨림
감정표현	동작의 세기, 길이	음의 고저, 강세
공통점	음성언어와 수화는 표면적 차이(감각기관, 인지, 표현기관)에도 불구하고 구조적으로 유사하다.	
	구성요소들이 합쳐져서 하나의 단어를 형성한다. 또한 서로 다르게 합쳐져 무한히 많은 단어를 만든다(불연속성).	

*출처 : 이준우(2004). 농인과 수화. 인간과 복지

CHAPTER 10

직장

일하는 모습이 다를 뿐, 일하는
능력은 모두 같습니다.
듣지 못하는 것은 일을 함에 있어 큰 문제가
되지 않습니다.
간단한 수어만 배운다면, 그들의 역량은
최대치가 되죠.
구인에서부터 면접까지 직장에서 사용되는
다양한 수어표현들을 살펴볼까요?

A 오다 + 이유 + 무엇⟨?⟩ / 무슨 일로 오셨습니까?

B 취업 + 원하다. 가능⟨?⟩ / 취업을 원합니다. 가능합니까?

 취업 = 일 + 가입

A 경제 + 하락 + 때문 + 취업 + 어렵다 / 경제가 어려워 취업하기 쉽지 않습니다.

B 일+있다+연락받다+부탁 / 일자리가 생기면 연락주십시오.

A 일+원하다+무엇〈?〉 / 어떤 직업을 원하시나요?

B 과거+자동차+조립+-적. 같다+원하다
/ 예전에 자동차 조립을 한 적이 있습니다. 같은 일을 원합니다.

과거 • 오른손을 펴서 등이 밖으로 향하게 세워 오른쪽 어깨 너머로 넘긴다

A 알다.연락주다 / 알겠습니다. 연락드리겠습니다.

알다

연락하다

기본단어

이유 | 경제 | 하락 | 어렵다
조립 | –적 | | 자동차

보충단어

돈 | 회사 | 면접 | 쉽다 | 공장 | 기술 | 사무직 | 다니다 | 출근 | 퇴근 | 월급

연습문제

01. 수어와 같은 의미의 단어를 이어주세요.

 •   • 경제
(돈이 도는 것)

 •   • 이유
(바위밑을 캐보는 것)

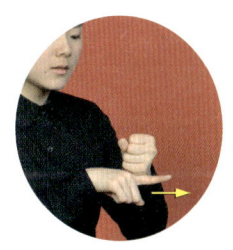 •   • 어렵다
(자신의 살을 비틀어 어려움을 나타내는 것)

02. 다음 수어를 해석해 보세요.

03. 자신의 장래희망을 수어로 발표해 보세요.

기본 감정의 다양한 표현

'기쁘다'

눈초리에 주름을 짓는다.

입을 벌리고 이를 드러내며 웃는다.

눈을 크게 뜨며 입을 벌린다.

'화나다'

눈썹을 치켜올리며 두 눈을 부릅 뜬다.

아랫입술을 깨물며 눈썹을 치켜올리고 턱을 앞으로 내민다.

두 주먹을 불끈 쥐고 싸우려는 태도를 한다.

'놀라다'

눈동자를 크게 뜬다.

입을 크게 벌린다.

목을 움츠린다.

'무섭다'

얼굴과 온몸을 한쪽으로 살짝 움츠린다.

눈을 동그랗게 뜨고 입을 오물이며 어깨를 많이 움츠린다.

두눈을 꼭 감고 얼굴을 약간 흔든다.

'슬프다'

어깨를 늘어뜨리고 눈을 감고 운다.

고개를 숙인채 인상을 찌푸린다.

머리를 감싸고 심하게 괴로워 한다.

쉬어가기

한국수화언어법이란?

한국수화언어법(2016년 2월 3일 제정, 2016년 8월 4일 시행)
한국수화언어가 국어와 동등한 자격을 가진 농인의 고유한 언어임을 밝히고 한국수화언어의 발전 및 보전의 기반을 마련하여 농인과 한국수화언어 사용자의 언어권과 삶의 질을 향상시키는 것을 목적으로 하는 법입니다.
이 법에서 말하는 '한국수어'는 대한민국 농문화 속에서 시각·동작 체계를 바탕으로 생겨난 고유한 형식의 언어를 말합니다.

[네이버 지식백과] 한국수화언어법 (시사상식사전, pmg 지식엔진연구소)

한국수어의 날은 2월 3일입니다.

한국수어 사용 권리를 신장하고 농인의 공식적인 고유 언어임을 알려 국민의식을 고취하기 위해 제정된 법정 기념일입니다.
한국수화언어법 제정일인 2월 3일을 기념하기 위해 2021년 처음 시행된 법정 기념일로 한국수어의 날이 속한 주간을 '한국수어 주간'으로 정하고 있습니다.

CHAPTER 11

경제 (I)

다들 '경제'하면 어렵게 생각합니다.
통장에 차곡차곡 쌓여있는 돈과 그 돈을
필요한 곳에 사용하는 모든 것들이 바로
경제활동입니다.
화폐의 개념과 은행에서 쉽게 사용할 수
있는 수어 어휘들을 모아봤습니다.
좀 더 친근하고, 어렵지 않은 경제와
관련된 수어를 지금부터 살펴보겠습니다.

A 안녕. 도와주다 + 무엇 / 안녕하십니까? 무엇을 도와드릴까요?

B 은행 + 초보. 10 + 만 + 송금하다 + 원하다 / 은행이 처음이라… 10만원을 송금하려구요.

두 손을 펴서 끝이 밖으로 향하게 하여 엇갈리게 밖으로 돌린다.

A 알다. 또 + 있다⟨?⟩ / 알겠습니다. 또 필요한 일 있습니까?

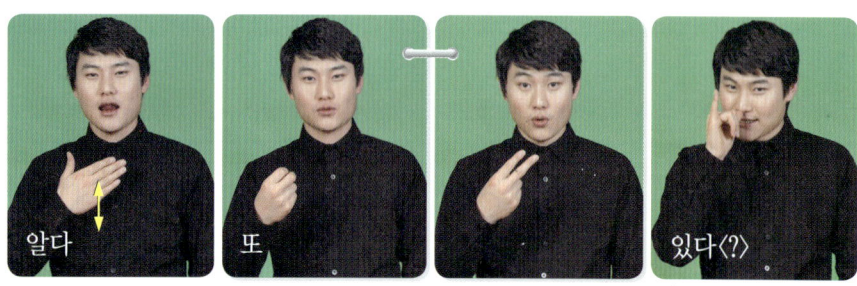

B 세금＋돈내다＋싶다＋방법＋무엇〈?〉 / 세금을 내고 싶은데 어떻게 하면 됩니까?

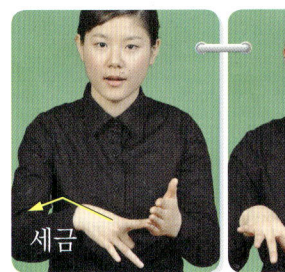

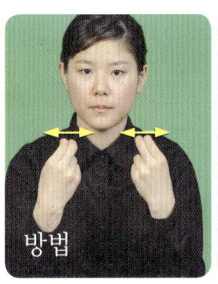

A 나＋도와주다 / 제가 도와드리겠습니다.

기본단어

 은행
 초보
 송금
 세금
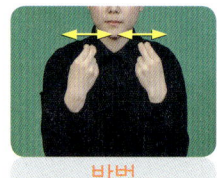 방법

보충단어

도장 | 미리 | 빌리다 | 통장 | 저축 | 팔다 | 사다 | 사용하다
절약 | 낭비 | 인상 | 인하 | 방법없다

연습문제

01. 수어와 같은 의미의 단어를 이어주세요.

   •   • 은행
(돈이 불었다 줄었다 하는 것)

   •   • 방법
(이런 저런 도구를 모으는 모습)

   •   • 사용하다
(돈이 나가는 것)

02. 다음 수어를 해석해 보세요.

수어 그림 (주먹)

아래의 손 모양이 사용되는 단어에 동그라미로 표시해 보세요.

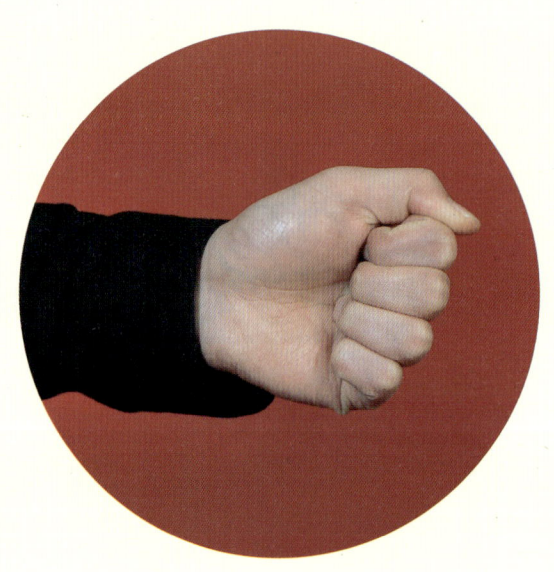

건강 | 때문에 | 만들다 | 방법 | 사랑 | 수고 | 알다 | 약속 | 오빠 | 원하다
| 은행 | 잘 | 절약 | 존재 | 좋다 | 주다 | 춥다 | 하루 | 할머니 | 활동

CHAPTER 12

경제 (II)

지갑엔 동전이 가득하답니다.
"난 잘 들을 수가 없어서 계산할 때 지폐만
내밀거든요.
그래서 내 지갑엔 계산 후 남은 동전들이
옹기종기 모여 있어요"
물건을 사기 위해 온 신경이 곤두서야 하는
농인들의 모습입니다.
간단한 수어 단어 정도만 안다면, 지갑이
무거워지는 일은 없겠죠?

A 안녕하세요.도와주다＋무엇〈?〉 / 어서오세요. 무엇을 도와드릴까요?

B 옷＋사다＋원하다 / 옷 사러 왔습니다.

입다• 두 주먹을 양쪽 어깨 앞에서 양쪽 가슴 앞으로 내린다.

시도해보다• 오른주먹의 1지를 펴서 바닥을 오른쪽 눈 밑에 두번 댔다 뗀다.

A 옷＋입다＋~해보다＋부탁 / 옷 한번 입어보세요.

어울리다• 손바닥이 밖으로 손끝이 위로 향하게 펴서 세운 오른손을 약간 아래로 내리며 2지, 5지를 맞댄다.

치마• 두 주먹의 1지, 5지를 펴서 양쪽 허리에 댔다가 두 팔을 약간 벌리며 밑으로 쭉 편다.

B 예쁘다.어울리다＋치마＋주세요 / 예쁩니다. 여기에 어울리는 치마도 보여주세요.

A 입다 + ~해보다. 할인 + 중 + 싸다 / 입어보세요. 지금 할인 기간이라서 가격도 저렴합니다.

B 마음에 들다.돈 + 얼마⟨?⟩ / 마음에 듭니다. 얼마입니까?

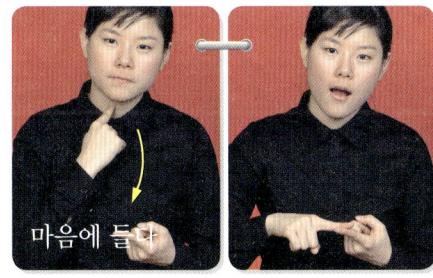

A 10% + 할인 + 5만원 / 10%할인해서 5만원입니다.

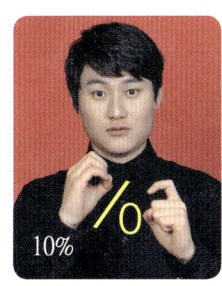

B 싸다.카드 + 가능〈?〉 / 싸네요. 카드도 됩니까?　　　　**A** 가능 / 가능합니다.

 싸다
 카드
 가능〈?〉
 가능

기본단어

 옷
입다
~해보다
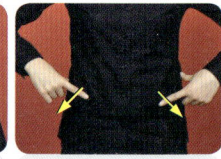 치마

 어울리다
 세일/할인

 마음에 들다

 얼마

 카드
10%
 싸다

보충단어

고르다 | 영수증 | 무료(공짜) | 계산하다 | 비싸다 |
선물 | 기분 | 벗다 | 바지 | 정장 | 한복 | 신발

연습문제

01. 수어와 같은 의미의 단어를 이어주세요.

　　　　　　　　　　　할인
　　　　　　　　　　　　　　　　(값을 끌어내리는 것)

　　　　　　　　　　　어울리다
　　　　　　　　　　　　　　　　(위아래가 한결같다는 것)

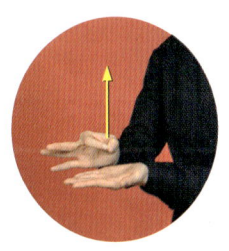　　　　　　　　　　　비싸다
　　　　　　　　　　　　　　　　(돈이 올라가는 모습)

02. 다음 수어를 해석해 보세요.

왼 주먹의 1지, 2지를 펴서 등이 위로 향하게 하고, 그 등에 오른 주먹의 1지, 2지를 펴서 바닥을 X자로 댔다가 뒤집어 등을 댄다.

오른손바닥을 가슴에 대고 왼쪽으로 두바퀴 돌린다.

농인에 대한 에티켓

수어를 유창하게 잘 해야만 농인들과 대화를 할 수 있는 것이 아닙니다. 충분히 농인을 이해하고 배려하는 마음, 그리고 예의바른 자세만 갖춘다면 수어를 몰라도 농인과 충분히 대화할 수 있습니다.
앞으로 농인을 만나면 수어, 구화, 필담, 몸짓 등 농인과 대화가 가능한 방법으로 예의바르게 이야기합시다.

❶ 수어로 대화를 나눌 때
 - 수어는 농인들이 가장 편하게 대화할 수 있는 방법입니다.
 - 자연스럽고 부드러운 표정, 예의바른 자세로 대화한다면 수어 수준은 그리 중요하지 않습니다.

❷ 구화로 대화를 나눌 때
 - 마주보고 입모양을 정확히 하고 천천히, 적당히 크고 일정한 소리로 간략하게 이야기 합니다.
 - 이야기 도중 주변 환경(전화소리, 노크소리 등)에 변화가 생기면 꼭 설명해 줍니다.
   갑자기 변한 환경으로 인해 농인이 놀랄 수 있으니까요.

❸ 필담(글)으로 대화를 나눌 때
 - 장문이나 이중 부정은 피하고 간결하게 표현해 주세요.

❹ 몸짓과 얼굴표정
 - 수어나 구화, 필담을 이해하지 못하는 농인에게 아주 유용한 대화방법입니다.
 - 과장된 몸짓이나 얼굴표정은 오해를 일으킬 수 있으니 주의하세요.

CHAPTER 13

일상생활 (1)

식당에서 식사하는 농인들의
모습은 분주해 보입니다.
밥도 먹어야 하고, 대화를 하려면
손에 쥐고 있는 수저도 놓아야 하니까요.
하지만 즐거운 식사시간입니다.
먹는 행복이 가득한 식사시간의
수어 표현을 배워볼까요?

A 아침 + 먹다 + 아직 + 배고프다. 먹다 + 무엇〈?〉
/ 아침을 못 먹었더니 배 고파요. 뭐 먹을까요?

아침 · 오른손의 1지 5지 끝을 맞대어 동그라미를 만들어 가슴 앞에서 손등이 위로 손이 오른쪽으로 향하게 편 왼손바닥 밑으로 내보내어 위로 올린다.

먹다 · 오른손을 펴서, 손바닥이 위로 향하게 하여 두 번 입으로 올린다.

아직 · 손끝이 밖으로 향하게 모로 세운 왼손바닥 앞에서, 손등이 밖으로 손끝이 왼손바닥으로 향하게 편 오른손을 상하로 흔든다.

배고프다 · 자연스럽게 편 두손의 5지 위를 배에 대고 엄지 바닥에 나머지 손가락을 모아대고 누르면서 몸을 약간 구부린다.

B 나 + 김밥 + 원하다 / 저는 김밥이 먹고 싶어요.

💡 김밥 = 검다 + 말다

A 좋다. 어디〈?〉 / 좋아요. 어디에서 먹을까요?

B 대구+식당+전화하다 / 대구식당에 주문해서 먹어요.

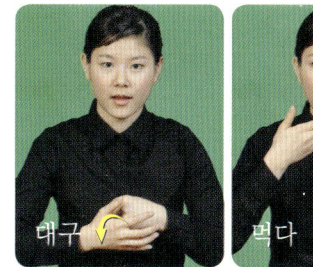

💡 식당 = 먹다 + 곳

A 좋다. 나+돈주다+책임 / 좋아요. 돈은 내가 낼게요.

기본단어

배고프다 | 김밥 | 전화하다

식당 | 책임 / 의무 | 대구

보충단어

맛있다 | 맛없다 | 배부르다 | 삼키다 | 마시다 | 과자 | 밥 | 반찬 | 요리 | 사탕 | 커피 | 빵

연습문제

01. 수어와 같은 의미의 단어를 이어주세요.

 • • 먹다
(먹는 모습)

 • • 요리
(칼로 재료를 써는 것)

 • • 책임 / 의무
(어깨에 짊어지는 것)

02. 다음 수어를 해석해 보세요.

수어 조각 넣기

완전한 문장이 되도록 적절한 수어 단어를 찾아 그 번호를 적어보세요.

1. 좋아하는 (   )은 무엇입니까?

2. 식사한 후에 (   ) 한 잔 마십시다.

3. (   )을 너무 좋아합니다.

❶

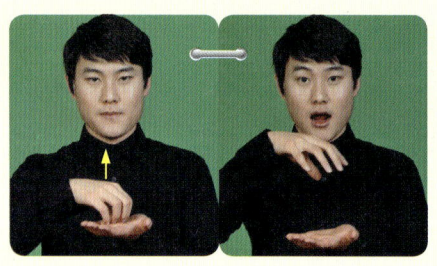
❷

❸

CHAPTER 14

일상생활 (II)

농아인협회는 어디로 가야하나요?
아, 그러니까...저기...저....
농인에게 길을 설명하기란 여간 어려운
일이 아닙니다. 지하철, 버스 등
대중교통을 알 수 있는 수어와
간단한 길 찾기 수어를 배워볼까요?

A 농아인 + 협회 + 가다 + 버스 + 번호 + 무엇〈?〉 / 농아인협회 가는 버스가 몇 번입니까?

B 버스 + 12번 + 공원 + 내리다 / 12번 버스를 타고 공원에서 내리세요.

A 공원 + 가깝다〈?〉 / 공원에서 가까운가요?

B 가깝다.걷다 + 2분 + 가능 / 가깝습니다. 걸어서 2분 정도입니다.

A 길 + 모르다 / 제가 길을 잘 몰라요.

B 택시 + 제일 + 빠르다 / 택시를 타고 가시는게 제일 빠를거 같아요.

A 감사 / 감사합니다.

감사

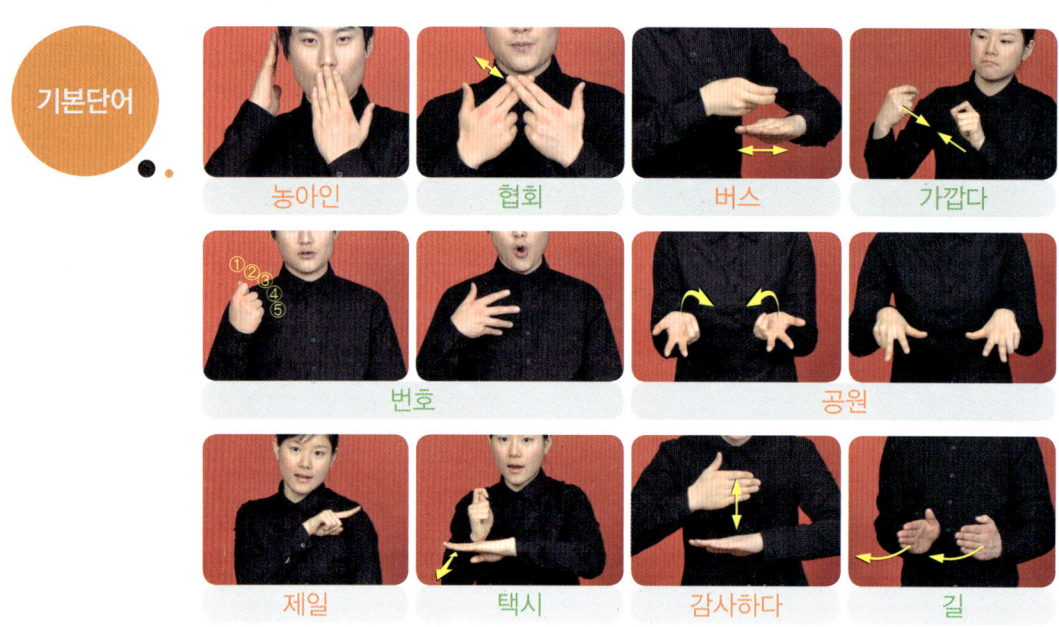

기본단어: 농아인 | 협회 | 버스 | 가깝다 | 번호 | 공원 | 제일 | 택시 | 감사하다 | 길

보충단어: 기차 | 지하철 | 자전거 | 달리다 | 앉다 | 서다 | 타다 | 느리다 | 경찰서 | 우체국 | 청인 | 장애인 | 멀다 | 미안하다 | 걷다

연습문제

01. 수어와 같은 의미의 단어를 이어주세요.

　　　　　　　　　　　•　　지하철
　　　　　　　　　　　　　　(지하에서의 진행을 나타냄)

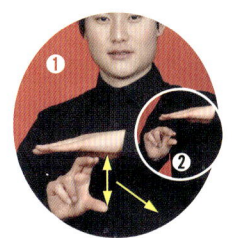　　　　　　　　　　　•　　기차
　　　　　　　　　　　　　　(바퀴가 돌아가는 것)

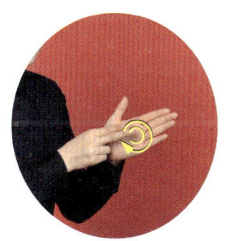　　　　　　　　　　　•　　걷다
　　　　　　　　　　　　　　(두다리로 걸어가는 모습)

02. 다음 수어를 해석해 보세요.

TIP

지도를 통한 수어 배우기

동서남북 방향표시 수어

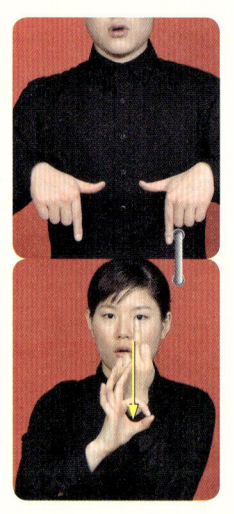

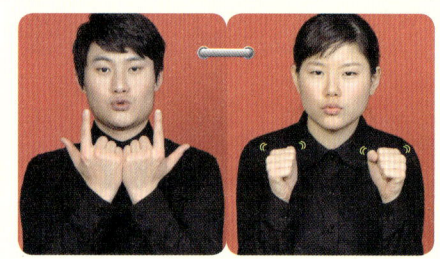

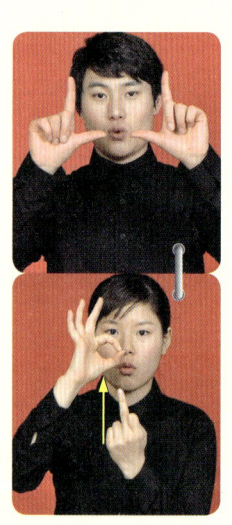

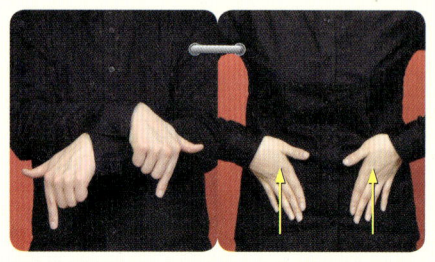

대한민국 지도를 통해 지명 수어 익히기

서울

부산

대구

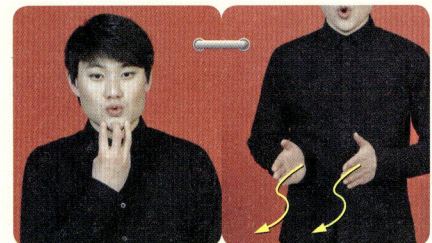
경기도

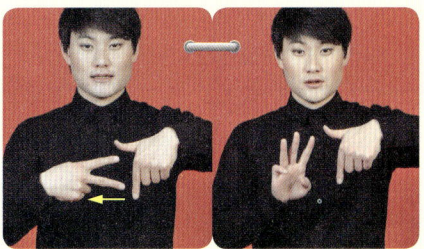
인천

강원도

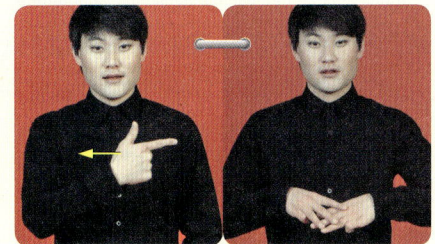
대전

광주

전라도

울산

충청도

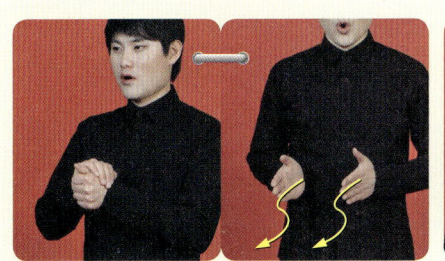
경상도

제주도

세계지도를 통한 나라 수어 익히기

한국 　　　　　　　미국

중국 　　　　　　　일본

CHAPTER 15

취미생활 (I)

늘 반복되는
일상에서의 여가생활은 소소하지만
큰 기쁨을 가져다줍니다.
농인들은 볼링, 축구 등 다양한 여가생활을
즐기며 또한 열심히 합니다.
이번엔 이러한 여가와 관련한 수어를
배워볼까 합니다.
자, 함께 할까요?

A 당신+취미+무엇〈?〉 / 당신의 취미는 무엇입니까?

 당신
 취미
 무엇〈?〉

오른 주먹으로 턱 오른쪽을 두번 스쳐내린다.

B 바다+낚시+취미 / 저는 바다 낚시를 좋아합니다.

 짜다
 파도
 낚시
 취미

모로 세운 왼 주먹에 오른 주먹의 팔꿈치를 대고 피를 펴서 끝이 밖으로 향하게 하여 상·하로 두번 움직인다.

A 나+등산+취미.힘들다+하지만+기분+좋다
/ 저는 등산을 좋아합니다. 힘들지만 기분이 좋습니다.

 나
 등산
 취미
 힘들다

 하지만

 기분
 좋다

B 나+똑같다+산+좋다. 1월 1일+해뜨다+보다+가다
/ 저도 산을 좋아합니다. 그래서 1월 1일에 산으로 해돋이 보러 갑니다.

  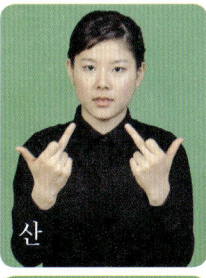 

해뜨다 • 왼주먹의 2지를 펴서 등이 밖으로 향하게 세우고, 그 등 밑에서 1지, 2지 끝을 맞대어 동그라미를 만든 오른손을 천천히 위로 올린다.

똑같다 • 두 주먹의 1지, 5지를 펴서 끝이 위로 향하게 하여 1지, 5지를 힘주어 붙인다.

A 해뜨다+때+소망+무엇〈?〉 / 해돋이를 보면서 무엇을 소망합니까?

B 가족+건강+행복+원하다 / 가족의 건강과 행복을 빕니다.

B 꼭 + 이루다 + 부탁하다 / 꼭 이루시길 바랍니다.

기본단어

취미 　　　　낚시 　　　　등산 　　　해돋이/아침

소망/희망

보충단어　　만들다 | 영화 | 독서 | 여행 | 바둑 | 이루다 | 성공

연습문제

01. 수어와 같은 의미의 단어를 이어주세요.

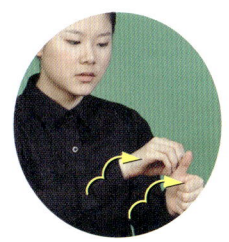

• 영화
(장면이 연속적으로 바뀌는 것)

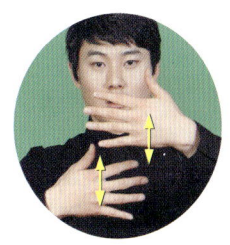

• 취미
(맛 들이는 것)

• 등산
(배낭을 메고 산을 오르는 모습)

02. 다음 수어를 해석해 보세요.

정답 나의 취미는 영화감상입니다.

세계수어

수어가 세계 공통어일까요? 아닙니다. 문화가 다르면 자연스럽게 언어도 달라지니까요. 그럼 각 나라별로 '안녕하세요?'와 '사랑합니다'는 어떻게 표현하는지 한번 배워볼까요?

'안녕하세요?'

'사랑합니다'

한국

미국

일본

중국

CHAPTER 16

취미생활 (II)

'핫둘 핫둘'
운동을 하며 땀흘리는 때야 말로
진정 내가 살아있는 순간입니다.
운동에 관련된 다양한 수어표현에 대해
알아보겠습니다.
자! 운동화 끈 꽉 동여매고 따라오세요!!

A 나+축구+취미. 당신+취미+무엇〈?〉 / 나의 취미는 축구인데 당신의 취미는 무엇입니까?

B 나+노래 / 나는 노래 부르기입니다.

A 노래+잘〈?〉 / 노래 잘 부르십니까?

B 보통. 배우다 + 중 / 보통입니다. 배우는 중입니다.

A 나 + 노래 + 배우다 + 원하다 + 가르침받다 + 가능〈?〉
/ 나도 노래 배우고 싶은데 가르쳐 줄 수 있나요?

B OK. / OK.

기본단어

  축구   O.K

노래

보충단어

운동 | 농구 | 야구 | 볼링 | 수영 | 이기다 | 지다 | 참가하다
운동장 | 관심 | 경기 | 선수

아는것이 힘

농인들은 소리를 듣지 못합니다. 잔존 청력에 따라 차이가 있을 수 있지만 청력의 문제로 인한 장애이기 때문에 비장애인(청인)처럼 똑같이 들을 수는 없습니다.
농인들은 소리에 대해 궁금해 합니다.
사람마다 걷는 습관이 달라 소리만 들어도 누구의 발소리인지를 알아채는 비장애인(청인)을 보며 놀라워합니다.
사랑하는 사람의 목소리, 웃음소리, 파도소리, 음악소리 등
스쳐지나가기 쉬운 평범한 소리를 듣지 못하는 농인은 소리에 대해 자주 물어봅니다.
아이의 목소리가 얼마나 사랑스러운지, 바다에 철썩이는 파도소리는 어떤지 소리가 아닌 눈으로 보여줄 수 있었으면 좋겠습니다.

연습문제

01. 수어와 같은 의미의 단어를 이어주세요.

•

• 야구
(방망이로 휘두르는 모습)

•

• 볼링
(동작 그대로 형상화한 것)

•

• 농구
(공이 골대안으로 들어가는 모습)

02. 다음 수어를 해석해 보세요.

 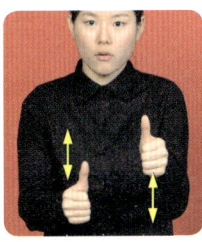   

정답: 수영대회 시합에서 이기고 싶어요.

재미있는 수어사다리

수어의 뜻을 찾아주세요. 수어를 따라 한 칸씩 아래로~ 아래로~ 내려가 볼까요?

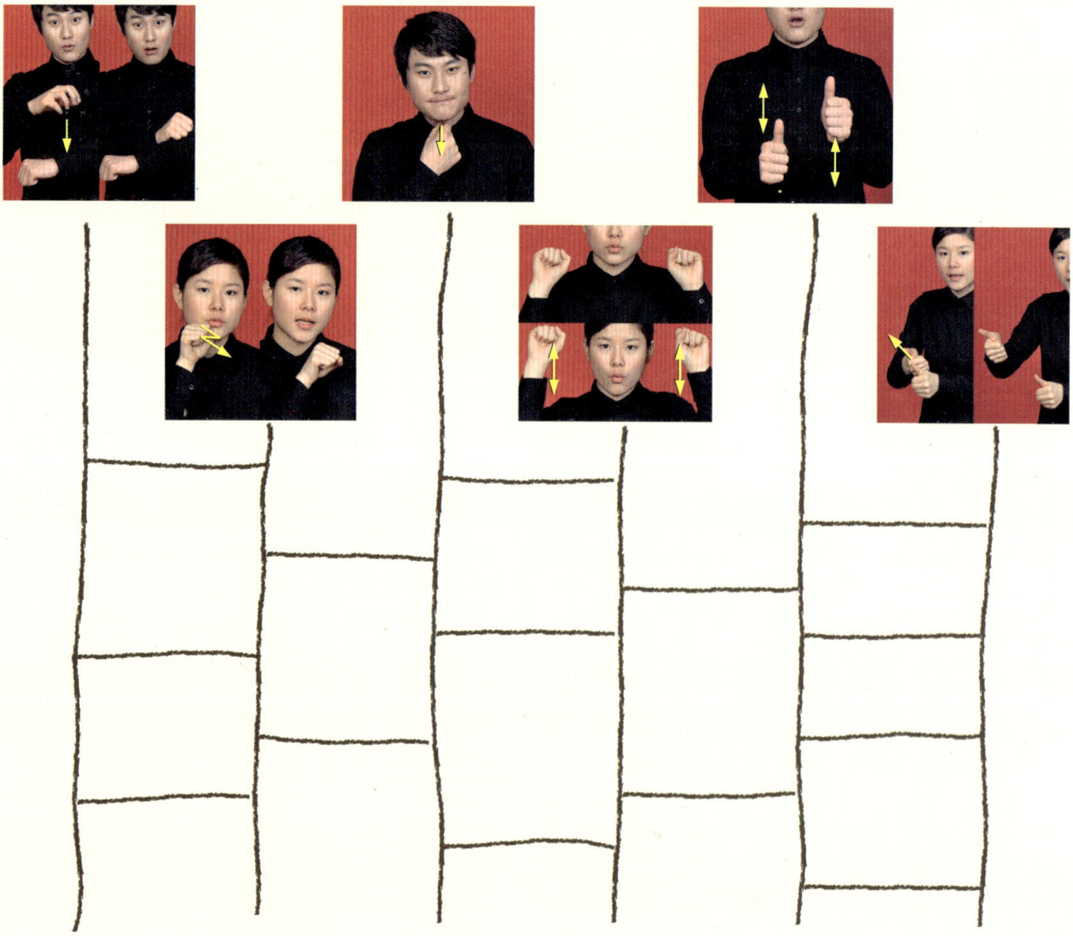

이기다   운동   원하다   취미   경기   잘하다

CHAPTER 17

통신

농인에게 가장 필수적인 것은
통신입니다.
그 옛날 전화가 없던 시절부터 영상통화가
가능한 지금까지 농인의 생활이
점점 윤택해 진다는 것을 느낍니다.
더욱 더 편해질 농인의 생활을 기대하며,
통신과 관련한 수어 표현에 대해 배워보겠
습니다.

A 컴퓨터 + 자주〈?〉 / 컴퓨터 자주 사용하세요?

손등이 밖으로 향하게 세운 오른주먹을 왼쪽으로 이동시키며 1지, 2지를 펴는 동작을 두 번 반복한다.

B 맞다. 왜〈?〉 / 자주합니다. 왜요?

오른손의 1지를 접고 나머지 손가락을 펴서 손바닥이 왼쪽으로 향하게 세운 다음 2지 앞면을 턱 중앙에 댄다.

A 오늘 + 밤 + 영상 + 원하다 / 오늘 밤에 영상전화를 하고싶어요.

■ B 오늘＋일＋때문＋못하다. 내일＋낮＋영상＋가능
/ 오늘 일이 있어서 안되고 내일 낮에 영상전화를 걸어주시기 바랍니다.

■ A 번호＋주세요 / 번호를 알려주세요.

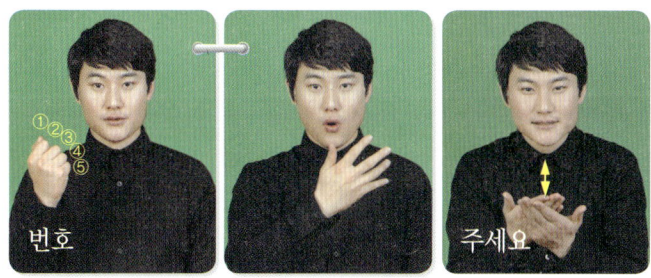

■ B 070-123-4567

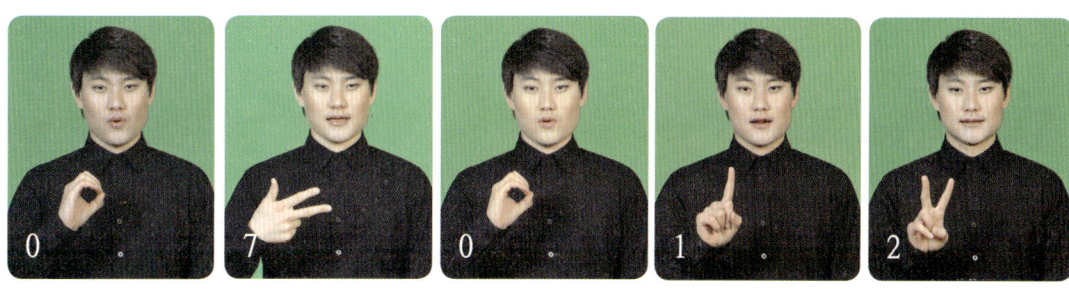

기본단어

컴퓨터 | 자주 | 영상 | 못하다

 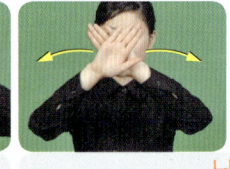 

밤 | 낮

보충단어

카메라 | 사진 | 광고/홍보 | 이메일 | 텔레비전 | 팩스 | 보청기
인터넷 | 와이파이

연습문제

01. 수어와 같은 의미의 단어를 이어주세요.

· 　　　　　　　　　· 컴퓨터
　　　　　　　　　　(마우스의 움직임)

· 　　　　　　　　　· 팩스
　　　　　　　　　　(팩스기에서 종이가 나오는 모습)

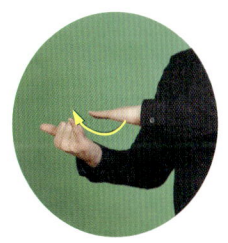

· 　　　　　　　　　· 보청기
　　　　　　　　　　(귀에 착용한 모습)

02. 다음 수어를 해석해 보세요.

정답: 항아리는 TV를 시청합니다.

농인 보조기

보조기기

보청기
청력손실을 주파수 단위(Hz)fh 나눠 전기적 증폭으로 소리를 크게 보정해 들려주는 의료기기

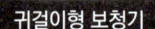
귀걸이형 보청기 　 오픈형 보청기

인공와우
고도 이상의 감각신경성 난청 환자에게 와우(달팽이관)의 말초 청각신경을 전기적으로 자극하는 와우 이식기를 이식함으로써 대뇌 청각중추에서 이를 소리로 인지할 수 있도록 해주는 기기

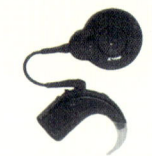

인공와우 　 귓속형 보청기

시각, 청각장애인용 TV
시각, 청각 장애유형별로 기능을 선택해서 시청을 돕는 TV
- 청각장애인용 기능 : 자막분리, 수어화면 확대 등
- 시각장애인용 기능 : 스마트 돋보기, 포커스 확대 등

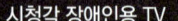
시청각 장애인용 TV 　 일체형 인공와우

무선신호기
- 외부인이 방문했을 때 초인종 기능의 기기를 통해 불빛으로 외부인 방문 여부를 알 수 있음.
- 아이를 양육하는 농인 부모의 경우 아기 울음 소리를 불빛과 진동으로 감지 가능함.
- 화재 발생 시 불빛과 진동으로 화재를 알림 받을 수 있음.
- 취침 시에 진동 쿠션으로 화재발생을 알려 위험으로부터 대피 가

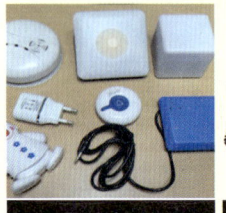

무선신호기 　 영상전화기

영상전화기
화면을 통해 수어로 소통할 수 있는 의사소통 기기

참고 : 정보통신보조기기 보급 신청 및 문의 1588-2670 / www.at4u.or.kr

통신중계서비스

전화이용이 어려운 청각언어장애인이 일상생활에서 PC, 모바일, 영상전화기 등 통신장비를 이용하여 비장애인과 자유롭게 의사소통할 수 있도록 지원하는 실시간 영상·문자 중계 서비스

서비스 제공방법

서비스 제공기관
- 한국지능정보사회진흥원 손말이음센터 (https://107.relaycall.or.kr)
- 경기도의사소통원격지원센터 (https://trs.or.kr)

보청견 (청각장애인 보조견)

농인에게 일상의 소리를 시각적 행동으로 알려주도록 공인기관에서 훈련받은 개
농인과 함께 생활하며 귀 역할을 함.
보청견이 알려주는 일상의 소리는 초인종, 노크, 알람, 타이머, 휴대폰 벨 및 메시지, 화재경보, 비상벨, 경적, 아기울음 소리 등 생활에 필요하거나 위험을 알려주는 소리.
소리를 인지한 후 농인 주인의 신체를 접촉하는 방법으로 어떤 일이 일어났음을 알리고 소리가 난 곳으로 안내하기도 함.

[네이버 지식백과] 보청견 [Hearing dog, 補聽犬] (두산백과 두피디아, 두산백과)

수어 퍼즐

가로열쇠

여러가지

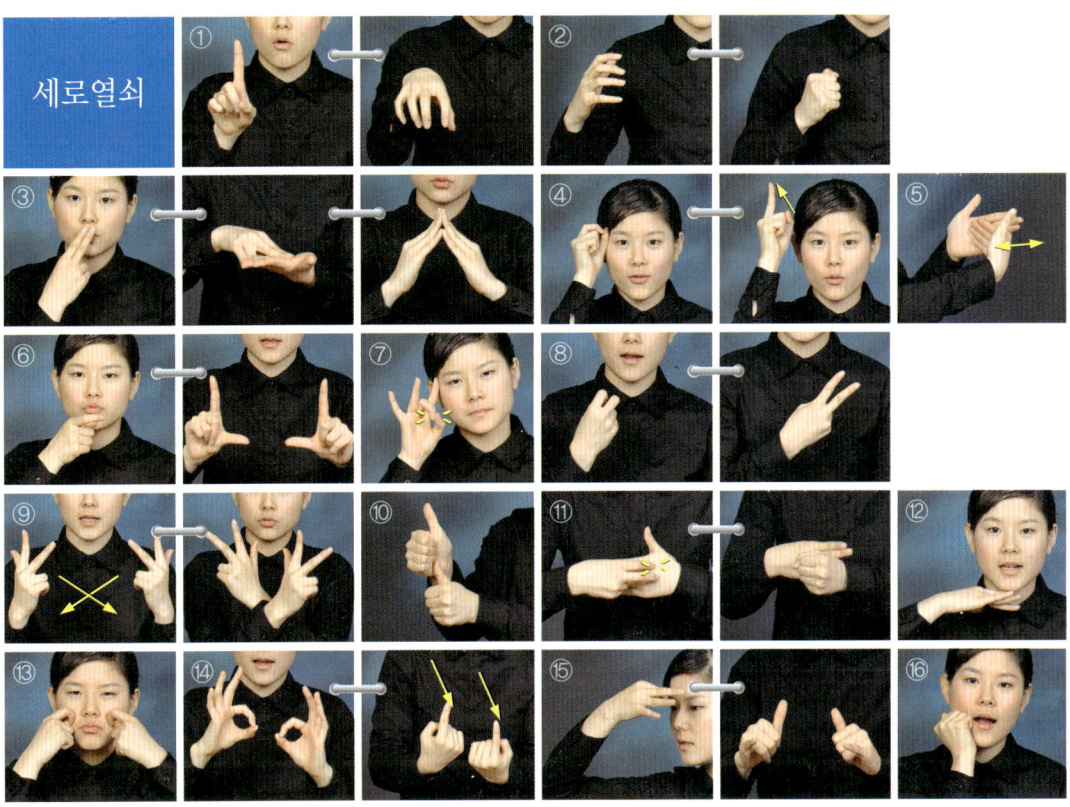

정답	①어	제		②가		④외	③우	다
	디		③사	라	지	다	체		④똑
②서	⑬울			다	⑤미	국		똑
		⑬다	르	다	⑥수	술		하
⑫나					요		⑦심	하	다
⑭이	⑮기	다		⑯과	일		심	
	술		⑪의	자		⑰편	하	다
⑩부	자		사		⑨일		다	
반		⑭할		⑨맥	주		⑧바	⑧다
⑮장	애	인		⑫일	본			시

지문자

⟨자음⟩

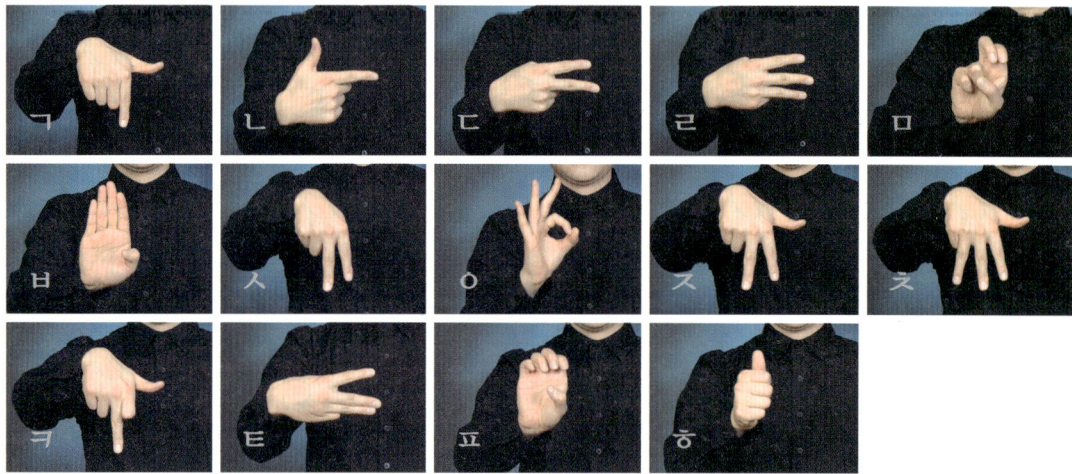

⟨모음⟩

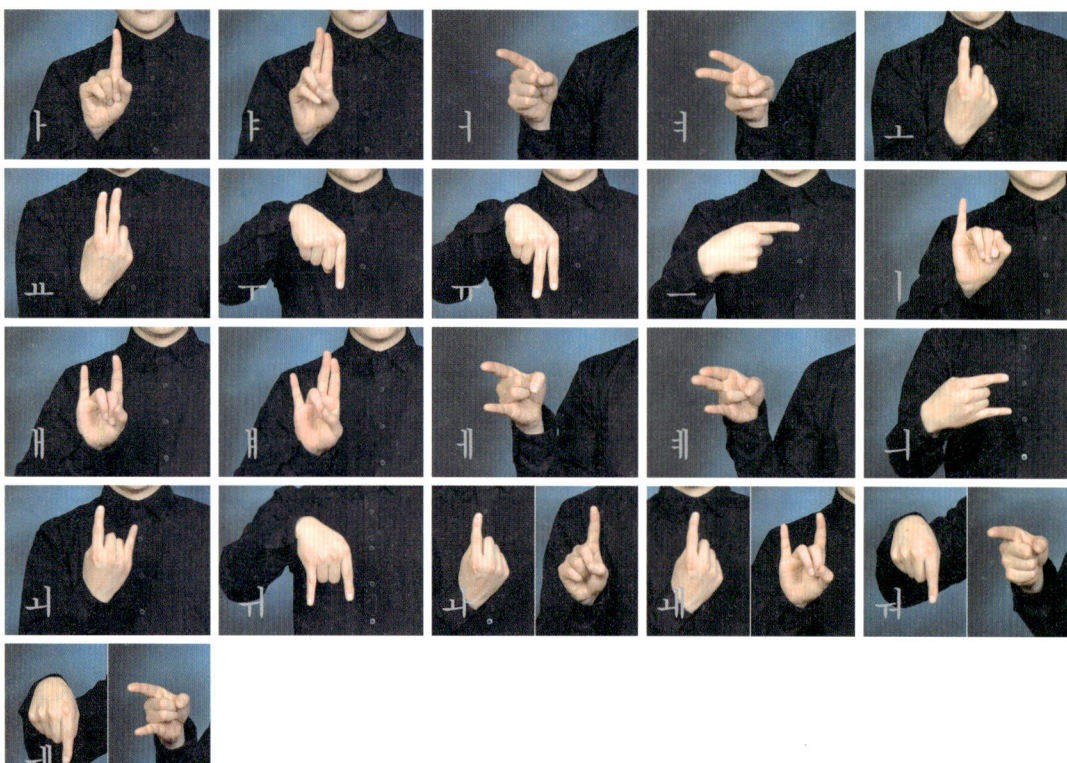

〈지숫자〉

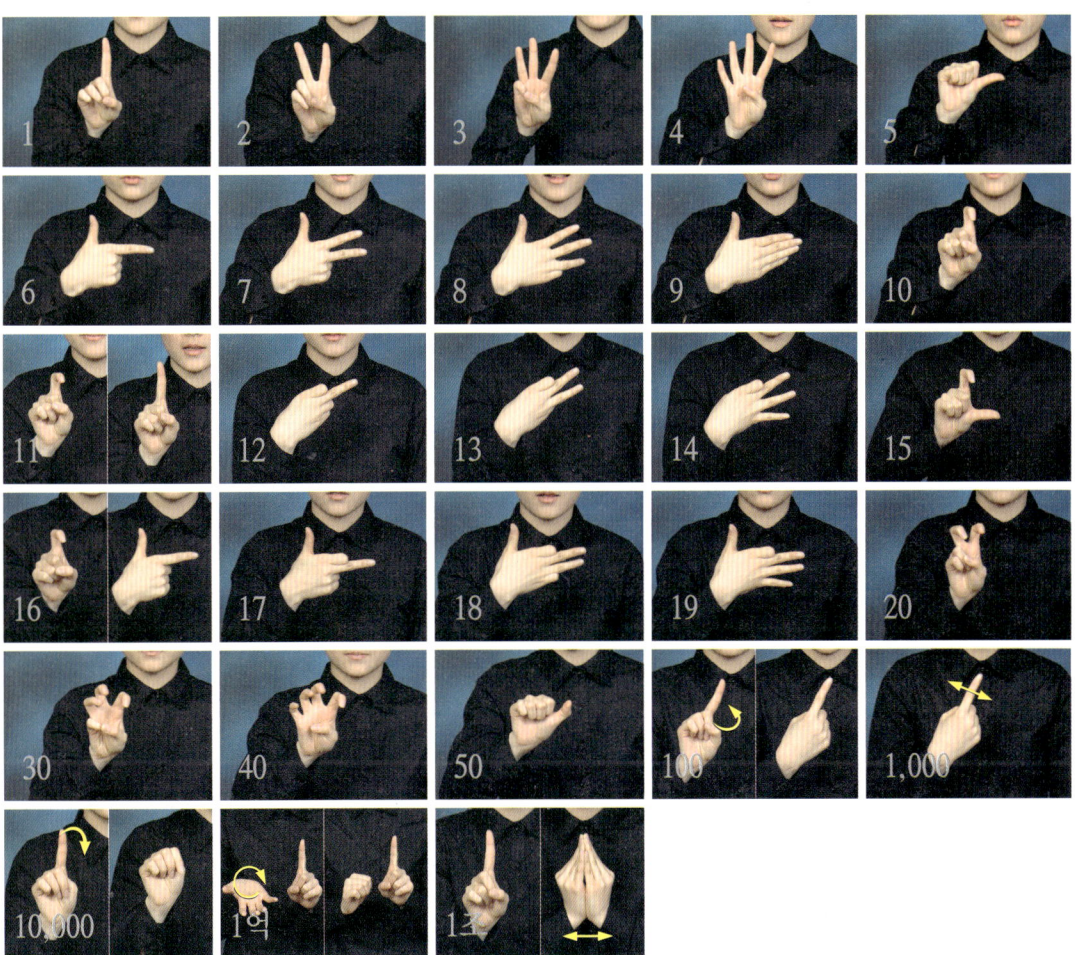

INDEX

O
OK 113

T
TV 121

ㄱ
가깝다 99
가능 11, 72, 88, 99, 113
가능하다 119
가다 41, 98, 107
가르침받다 113
가입 33
가족 16, 47, 107
감사 62, 100
강 54
같다 73
같다(처럼) 48
건강 10, 107
걷다 99
겨울 55
경제 72
계속 60
계절 54

고등 32
고맙다 5
곳 60, 92
공부 24, 34
공원 98
과거 73
괜찮다 10, 11
교회 47
구경 56
금 81
기분 89, 106
기차 101
기침 60
길 99
김밥 92
꼭 108
끝 32, 47

ㄴ
나 2, 11, 16, 46, 55, 81, 92, 93, 106, 112
낚시 106
낭비 83
낮 119
내리다 98
내일 33, 46
노래 112

노력 24
놀다 47
농아인 98
누구 18
누나 17
눈 55

ㄷ

다음 11, 41
당신 2, 16, 32, 46, 54, 106, 112
대구 93
대학교 24, 32
대화 48
대회 115
도와주다 80, 81, 86
도움 26
돈 87, 93
돈내다 81
동아리 33
등록 25
등산 106
때 54, 107
때문 24, 46, 72, 119
또 33, 61, 80
똑같다 107
뜨겁다 61

ㅁ

마음에 들다 87
만나 11
만나다 2, 40
많다 17
많이 34
맞다 24, 26, 41, 118
머리 61
먹다 62, 92
며칠(언제) 40
모르다 99
못하다 119
무엇 2, 10, 25, 33, 46, 54, 60, 72, 80, 86, 92, 98, 106, 112

ㅂ

바다 54, 106
바쁘다 10
반갑다 2
받다 89
밤 118
방법 81
배 64
배고프다 92
배우다 113
버스 98

번 62, 98
번호 98, 119
병원 64
보다 107
보청기 121
보통 113
부모님 17
부탁 16, 34, 73, 83, 86
부탁하다 108
비슷하다 18
빠르다 99
빨리 41
뻔 40

송금 80
수고 11
수영 55, 115
수어 3, 26, 33
쉬다 46, 54
스스로 34
시간 41
시험 24
식당 93
심하다 61
싸다 87

ㅅ

사다 86
사람 16, 56
사랑 56
사용하다 83
사탕 95
사회복지 33
산 54, 107
살다 10
생일 43
선물 89
소개 16
소망 107

ㅇ

아버지 16
아직 33, 92
아침 43, 92
아프다 60
안녕 80
안녕하세요 2, 86
알다 62, 74, 80
약 62
약속 40
어렵다 72
어머니 16
어울리다 86
언제 60
얼굴 3, 18

얼마 87
없다 27
여동생 17
여름 54
여행 109
연락 74
연락하다 11
열심 24
열심히 34
영상 118, 119
영화 109
예쁘다 86
오늘 40, 118
오다 72
오랜만 10
오빠 16
올해 32
옷 86
왜 118
요일 46
요즘 10
원하다 25, 33, 48, 55, 72, 73, 80, 86,
　　　　92, 107, 113, 118
의무 94
은행 80
이기다 114
이루다 108
이름 2

이유 72
일 10, 73, 119
일요일 47
입다 86
입학 25, 32
있다 26, 61, 73, 80
잊다 40

ㅈ

자동차 73
자주 118
잘 10, 112
-적 73
전공 33
전화하다 93
절약 83
정말 26
제일 99
조립 73
졸업 32
좋다 26, 46, 54, 89, 92, 93, 106
주다 34
주세요 86, 119
-중 24
중 54, 87, 113
지금 41
지하철 101
집 101

ㅊ

책임 93
초보 80
축구 112
축하 32
충분 41
취미 106, 112
취업 72
치마 86
친구 40

ㅋ

카드 88
컴퓨터 118
콧물 61
크다 26

ㅌ

택시 41, 99
토요일 46
통역 26

ㅍ

팩스 121
피곤 60
필요하다 62

ㅎ

하락 72
하루 62
- 하지마 83
하지만 106
학교 32
학생 32
할아버지 17
할인 87
함께 56
해뜨다 107
- 해보다 86
행복 48, 107
행사 32
협회 98
활동 34
후 47
휴대폰 11
휴식 62
휴일 121
힘들다 24, 106